Aurelio Peccei · Daisaku Ikeda

Noch ist es nicht zu spät

Aurelio Peccei · Daisaku Ikeda

Noch ist es nicht zu spät

VERLAG MOLDEN – S. SEEWALD GmbH

Aus dem Englischen übertragen von Barbara Brumm
Titel des englischen Originalmanuskripts:
"Before it is too late"

Lektorat: Ulrike Nikel
Umschlag: Anne-Marie Franke
Gesamtherstellung:
C. H. Beck'sche Buchdruckerei, Nördlingen

ISBN 3-88919-005-7

Inhalt

Teil III

Einleitung

Dieses Buch handelt von der Lage des Menschen und seinen Zukunftsaussichten. Es schildert, wie beide sich sowohl aus vom Menschen unbeeinflußbaren Umständen als auch aufgrund seines Denkens, Verhaltens und Tuns in der Vergangenheit entwickelt haben, und es zeigt auf, wie sie sich durch gegenwärtige Tendenzen und menschliches Handeln beeinflussen lassen.

Wir, die Autoren, sind keine Fachleute. Der eine ist Japaner und bemüht sich, die religiösen Lehren und Praktiken des Buddhismus zu verbreiten. Der andere ist Europäer und hat sich der Aufgabe verschrieben, zu einem besseren, sachlichen Verständnis von der problematischen Situation der Menschheit beizutragen. Beide glauben und hoffen, daß jeder auf seine Weise einen, wenn auch noch so bescheidenen Beitrag zum Wohle der Menschheit in diesen verworrenen Zeiten leisten kann.

Zwar sind wir auf manchem Gebiet nicht der gleichen Meinung und deuten einige Situationen oder Erfordernisse ziemlich verschieden; auch räumen wir gerne ein, daß wir nicht immer ganz übereinstimmen hinsichtlich der Ziele und Wege, die man beschreiten könnte oder sollte. Wir sind jedoch der Auffassung, daß unsere gemeinsame Basis breit genug ist und daß deren Vertiefung unseren Gesichtskreis erweitern und unser Denken sensibilisieren kann. Auch glauben wir, daß die gleichberechtigte und offene Diskussion unserer verschiedenen Standpunkte fruchtbar sein, erhellend wirken und neue Wege der Reflexion eröffnen kann.

Aus diesen Gründen halten wir es für nützlich, einige unserer Gedanken mitzuteilen. Diesem Zweck dient das vorliegende Buch, in dem bestimmte Einstellungen und Handlungen zur Diskussion gestellt werden, die das Los der Menschen in den kommenden Jahren und Jahrzehnten verbessern können. Angesichts der Größe und Komplexität der Aufgaben, vor denen wir stehen, tun wir dies in aller Bescheidenheit. Statt direkte Antworten zu geben, skizzieren wir lieber Annäherungsmöglichkeiten an den Standpunkt, der unseres Erachtens am ehesten zu zweckmäßigen Lösungen führen kann.

Wir sind jedoch der felsenfesten Überzeugung, daß es höchste Zeit ist, eine angemessene Antwort auf die Gefahren und Herausforderungen zu finden, mit denen wir an diesem entscheidenden Wendepunkt der Geschichte konfrontiert sind. Weltweit entwickelt sich die Lage nämlich keineswegs zum Besseren; ganz im Gegenteil wächst die Gefahr, daß sich die gegenwärtigen Krisen zunehmend verschärfen. Andererseits ist es absolut unverantwortlich, weiterhin die immensen Möglichkeiten zu vernachlässigen, über die die Menschheit infolge wissenschaftlicher und technischer Errungenschaften verfügt, oder sich der moralischen Verpflichtung zu entziehen, sich um die Verbesserung unseres Loses zu bemühen.

Wir stimmen darin überein, daß die großen Probleme der heutigen Zeit nach wie vor geistiger und ethischer Natur sind und daher selbst durch den größten Aufwand an Naturwissenschaft und Technologie oder durch ökonomische Mittel nicht gelöst werden können. Sie betreffen den Kern des Menschseins, und nur wenn jeder einzelne Mensch seine Weltanschauung und seine Wertvorstellungen von Grund auf erneuert, sind wir alle gemeinsam in der Lage, diese Probleme zu verstehen und gelassen anzugehen in der Hoffnung, daß sie unsere Kräfte nicht übersteigen. Weil wir spüren, daß ein menschlicher Neubeginn nicht nur möglich, sondern dringlich geboten ist, und weil wir an die menschliche Revolution glauben, die sich daraus ergeben wird, haben wir diesem Buch den Titel gegeben: *Noch ist es nicht zu spät*.

Aurelio Peccei
Daisaku Ikeda

Teil I

Mensch und Natur

von Aurelio Peccei

Zwar spuken noch immer uralte Fragen aus längst vergangenen Zeiten in unseren Köpfen herum, doch sind die vielfältigen Probleme von heute ungleich verwirrender, denn beinahe täglich tauchen unerwartet neue Fragen auf und verschlingen sich mit den alten. Die Weltlage war bereits vor ein paar Jahrzehnten ein Rätsel, doch heute verwirrt sie uns vollends, indem sie uns ständig mit neuen Herausforderungen konfrontiert. Trotz des ungeheuren Wissens und der technischen Möglichkeiten, die uns zur Verfügung stehen, fühlen wir uns der neuen Lage nicht gewachsen. Und dieses Gefühl erschüttert nicht nur unser Vertrauen in unsere Kraft, sondern läßt auch die Krise als eine unüberwindliche erscheinen. Wie ernst unsere Lage heute ist und welche Zukunftsperspektiven sich uns gegenwärtig bieten, können wir nur verstehen, wenn wir die Gründe für unsere mißliche Situation kennen. Nur so können wir hoffen, die Ursachen zu beseitigen und das Leben der Menschheit schließlich wieder ins Lot zu bringen.

Es sind zahlreiche, miteinander verflochtene Faktoren, die die Welt von heute so instabil, unvorhersehbar und gefährlich machen. Ironischerweise ist der entscheidende Faktor gerade die Vorherrschaft, die die Spezies Mensch über alles andere Leben auf dem Planeten Erde errungen hat. Wie ich später noch ausführen werde, hat sich unser Aufstieg zur absoluten Vorherrschaft wahrscheinlich zu rasch vollzogen, als daß wir uns vollkommen darauf einstellen konnten. Außerdem ist unsere weltweite Herrschaft auf politische Strukturen und Ordnungssysteme von solch ungewohntem Ausmaß und solch ungeheurer Komplexität angewiesen, daß wir noch nicht gelernt haben, sie zweckmäßig zu organisieren und zu regieren. Weil wir die neu gewonnene Macht weder durchschaubar noch effizient ausüben können, stehen wir allen unerwarteten Schwierigkeiten ratlos gegenüber. Und wir machen unsere Lage nur noch schlimmer, indem wir die neuen Probleme so angehen, als seien sie bloß eine Neuauflage der alten wirtschaftlichen, sozialen und militärischen Schwierigkeiten und als könne man sie auf konventionelle Weise, und das heißt jedes Problem für sich, lösen. Beides ist aber offenkundig nicht der Fall. Obwohl wir es noch nicht ganz wahrhaben wollen, sind wir nämlich mit einer neuartigen Verkettung von Phänomenen konfrontiert. Denn unsere Probleme beruhen allesamt auf dem Faktum, daß das menschliche System als Ganzes schlecht funktioniert. Jedes neue Problem ist wie ein Labyrinth, und alle stehen sie in ständiger Wechselwirkung und bilden somit das, was der Club of Rome die *Weltproblematik* genannt hat.

Daß ein Großteil der Gesellschaft weiterhin nach einzelnen, voneinander getrennten Lösungen sucht, ist pure Kräfteverschwendung. Jedes hängt nämlich mit jedem zusammen: Ursachen, Probleme und deren Lösungen bilden ein großes Kontinuum. Wenn wir den Weg in die Zukunft bewußt beschreiten wollen, müssen wir uns den globalen Zusammenhang aller Dinge in seiner ganzen Dynamik vor Augen führen und dürfen nicht bloß einige seiner Aspekte isoliert betrachten. Dies ist heutzutage um so dringlicher, als nichts Geringeres auf dem Spiel steht als das Schicksal des Menschen. In dieser gefährlichen Lage können also weder Unachtsamkeiten verziehen noch Fehler geduldet werden.

Die diesbezüglichen Fragen sind jedoch so zahlreich und so komplex, daß wir weder über die nötige Reife noch über die nötigen Mittel verfügen, um alle nur denkbaren Gesichtspunkte zu berücksichtigen. Daher müssen wir unsere Aufgabe vereinfachen und einen leichteren, aber gleichwohl angemessenen Zugang finden. Dabei können wir uns an einem Diktum des großen Denkers und Humanisten Teilhard de Chardin orientieren, der gesagt hat, daß der Gesichtspunkt, unter dem man eine Sache betrachtet, mindestens ebenso wichtig ist wie die Sache selbst. Welchen Ausgangspunkt man wählt, um die gegenwärtige *Problematik* so gründlich und umfassend wie möglich zu untersuchen, ist von herausragender Bedeutung. Rein wirtschaftliche Überlegungen können dabei nicht allein den Ausschlag geben, obwohl wir vielfach dazu neigen, ihnen Vorrang einzuräumen. Die ökonomischen Aspekte stellen nämlich keineswegs die gesamte Problematik dar; sie sind vielmehr größtenteils Ausdruck der Interessen einer bestimmten Nation, Klasse, Kultur oder Reaktionen auf Erfordernisse, die sich aus einer Kette von Umständen ergeben.

Die Lage und das mögliche Schicksal der Menschheit am gegenwärtigen Wendepunkt der Geschichte sind eine sehr komplexe Materie. Sie zu analysieren, müssen die Gesichtspunkte unter dem Aspekt ausgewählt werden, ob sie ins Innerste des gesamten vom Menschen geschaffenen Systems einzudringen und eine wahrhaft globale Perspektive zu eröffnen vermögen. Dies kann uns nur dann gelingen, wenn wir *vorrangig die Beziehungen zwischen Mensch und Natur in Betracht ziehen.* Die tiefgreifenden Veränderungen, denen diese Beziehungen in der letzten Zeit unterworfen waren und die sich in Zukunft sicher noch verstärken werden, beeinflussen das menschliche Leben nämlich entscheidender als jeder andere Faktor. Jede Rede vom Sinn oder den Aussichten des Menschseins steht nämlich auf tönernen Füßen, solange sie unser Verhältnis zur biophysikalischen Welt außer Acht läßt; denn unser Überleben ist letztendlich von deren Erhaltung abhängig, weil wir ein Teil eben dieser Welt sind.

Unsere Perspektive muß daher nicht nur im räumlichen, sondern auch im zeitlichen Sinne eine planetarische sein. Die Vorherrschaft unserer Spezies auf dem Planeten Erde ist das Ergebnis eines kontinuierlichen Prozesses: zahllose Generationen haben sich vermehrt und die Erde erobert bzw. kolonisiert, und wir sind gerade dabei, hier neue Maßstäbe zu setzen. Um sich die Zukunft als Produkt der Gegenwart vorstellen zu können, müssen wir begreifen, inwiefern sich unsere Lage von der früherer Generationen unterscheidet, und wir müssen uns darüber im klaren sein, daß sich die Zukunft wahrscheinlich stärker von der Gegenwart unterscheidet als diese von der Vergangenheit und daß diese Unterschiede eher qualitativer als gradueller Art sein werden.

Unser Rückblick beginnt zweckmäßigerweise mit der Urgeschichte und beinhaltet dann einen kurzen Abriß der Evolution, an deren Höhepunkt wir stehen – wir, die wir uns für ihr bedeutendstes Produkt halten. Der Himmelskörper Erde ist wahrscheinlich vor etwa fünf Milliarden Jahren entstanden, und die ersten Formen von Leben entwickelten sich in der Mitte dieser Zeitspanne. Wie ungeheuer lang diese Periode in unserem Winkel des Universums gedauert hat, läßt sich veranschaulichen, indem wir die Geschichte unseres Planeten auf die sieben Tage einer Woche projizieren. Danach dauerten die Entstehung der Erde und die Urgeschichte bis zum Erscheinen des Menschen von Montag bis Samstag; für das *Zeitalter des Menschen,* seine Anfänge und seine Entwicklung bleibt also nur der Sonntag übrig. Angenommen die Erde entstand am Montag um Null Uhr eins, dann begann der Pulsschlag des Lebens am frühen Donnerstagmorgen; seit dieser Zeit entwickelte es sich allmählich, hartnäckig und ununterbrochen zu seiner vielfältigen Struktur, drängte vorwärts und in die Breite, und durch Evolution, Mutation und Spezialisierung entstanden Millionen und Abermillionen von Spezies und deren Abarten. Dieser Prozeß dauerte lang, sehr lang. Als dann vor etwa zweihundert Millionen Jahren die Säugetiere aufkamen, waren sie die fortgeschrittensten Lebewesen; im Bild der Erdgeschichte als einer Woche ging damit der Samstagabend seinem Ende zu. Und obwohl sich das Leben unnachgiebig zu immer verschiedenartigeren und höheren Formen entwickelte, dauerte es noch relativ lang, bis die ersten menschenähnlichen Wesen ihre Zufluchtstätten in den Wäldern verließen, sich ins offene Gelände vorwagten, von einem Ort zum andern zogen und versuchten, aufrecht zu gehen und zur Nahrungsbeschaffung wilde Tiere zu jagen. Schließlich entdeckten diese menschenähnlichen Wesen, daß sie ihre Hände nun nicht mehr zur Fortbewegung brauchten und sie für neue Aufgaben einsetzen konnten, was wiederum ihre Gehirntätigkeit anregte. Diese Entwicklung vor zehn bis zwanzig Millionen Jahren war der Anfang des Prozesses der Menschwerdung; in unserer einwöchigen Erdgeschichte fand er zwischen 11 Uhr 30 und 11 Uhr 45 statt. Und in dieser

Viertelstunde warf ein bedeutendes Ereignis seine Schatten voraus.

Schlag Mitternacht – vor einer Million Jahren – war die Geburtsstunde des *homo sapiens,* des letzten bedeutenden Kindes von Mutter Natur, gekommen. Nun lebten hier und da auf der Erde Menschen; der Sonntag war angebrochen und mit ihm das Zeitalter des Menschen, der sich zunächst einmal gegen die anderen Primaten und alle übrigen Lebewesen durchsetzen mußte, um seinen wundersamen Lebensweg beschreiten zu können. Dabei steht es noch in den Sternen, ob dies in der Geschichte der Evolution ein ruhmreicher oder ein törichter Augenblick war, ob die Natur mit dem Menschen ein Meisterstück von bleibendem Wert oder eine Mißgeburt hervorgebracht hat, die eines Tages eliminiert wird. Eins steht jedoch fest: mit dem Erscheinen des Menschen versprach der Sonntag ganz anders zu werden als die anderen Wochentage. Und in der Tat ist mit dem ersten Auftreten des Menschen auf unserem Planeten alles anders geworden, obwohl wir in unserer einwöchigen Erdgeschichte erst zwei Minuten nach Mitternacht am Sonntagmorgen haben und der Mensch noch ein Neuankömmling unter den anderen Lebewesen ist.

Das neue Zeitalter, das mit dem Menschen begonnen hat, verläuft ziemlich ungleichmäßig und merkwürdig. Es läßt sich in zwei Perioden gliedern: *die vorgeschichtliche Zeit,* welche neunundneunzig Prozent der eine Million Jahre in der Geschichte des Menschen umfaßt, und *die Geschichte* des Menschen. In der Prähistorie blieb der Mensch trotz zunehmender Stärke ein primitives Wesen, das seine Lebensumstände relativ langsam veränderte. Jedes Jahrhundert muß damals dem vorhergehenden ziemlich ähnlich gewesen sein. Vor etwa zehntausend Jahren begann unsere Spezies jedoch plötzlich, die Entwicklung zu beschleunigen. So kommt es, daß praktisch alles, was unsere Vorfahren geleistet bzw. uns überliefert und hinterlassen haben, aus den letzten hundert mal hundert Jahren der Menschheitsgeschichte stammt, aus eben den zehntausend Jahren, die wir Geschichte nennen, die in Wirklichkeit aber nur ein Prozent der Geschichte des Menschen ausmachen und nur einer einzigen Sekunde unserer kosmologischen Woche entsprechen.

Die fünfhundert Generationen, die in jener relativ kurzen Periode gelebt haben, aus der unsere ganze schriftliche Überlieferung stammt, haben erstaunlich viel mehr geleistet als ihre prähistorischen Vorfahren. Die Geschichte all dieser überlieferten Kenntnisse und Fertigkeiten hat damit begonnen, daß der Mensch ein paar Stück Land bebaute und danach auszog, die ganze Erde zu erforschen und zu besiedeln. In der Folgezeit festigte er dann seine Herrschaft, indem er zunächst Kolonien und Handelsniederlassungen und schließlich ganze Weltreiche gründete. Der Mensch ersann die großen Religionen und hob seinen Geist dadurch auf ein höheres Niveau. Kunst und Kultur erblühten in Dutzenden von Zivilisationen und bereicherten das Leben der Menschen. Diese wurden immer wißbegieriger und wollten mehr erfahren über den Aufbau der Materie und das Geheimnis des Lebens. Durch die Vielzahl neuer Entdeckungen machten unsere Vorfahren schließlich Bekanntschaft mit den unendlich kleinen wie den unendlich großen Dingen im Universum. Bei all diesen Fortschritten blieben die Menschen jedoch durchdrungen von einem tiefen Gefühl der Ehrfurcht vor der Natur; ihr brachten sie Opfer dar, weil sie ihnen Wohltaten bescherte, gute Ideen eingab oder weil sie ihnen und ihren Familien die Existenz ermöglichte. Wenn sie neue Länder, Pflanzen und Flüsse entdeckten, wenn sie effektivere Mittel zur Befriedigung ihrer elementaren oder ganz subjektiven Bedürfnisse erfanden oder wenn sie die Seefahrt auf den sieben Weltmeeren sicherer gestalteten, immer brachten die Menschen der überwältigenden Macht und Majestät ihrer irdischen Umwelt ein Gefühl der Dankbarkeit und des tiefen Respekts entgegen.

Während des Großteils der zehntausend Jahre unserer eigentlichen Geschichte erfolgte der Aufstieg des Menschen – verglichen mit unserer heutigen Entwicklung – in recht gemächlichen Schritten. Am Ende dieser Periode erst wurde alles anders. Das Tempo der Entwicklung nahm zusehends zu, und der Mensch fühlte sich immer stärker und immer weniger abhängig von natürlichen Lebensumständen und Zwängen. Die letzte Phase dieser raschen Entwicklung begann vor etwa zweihundert Jahren – auf der großen Uhr der Zeit nur ein flüchtiger Augenblick –, und seither hat dieser Prozeß auf den Schwingen der industriellen, wissenschaftlichen und technischen Revolutionen eine zunehmende Eigendynamik entfaltet. Diese *materiellen Revolutionen* haben den heute lebenden Generationen unerwarteterweise ein phantastisches Ausmaß an Wissen und Macht beschert, das zum Guten *wie* zum Schlechten verwandt werden kann – und ja auch verwandt wird. Die äußere Lage des Menschen wie sein Denken und Fühlen änderten sich dadurch von Grund auf.

Heutzutage streben wir danach, jeden nur möglichen Vorteil zu ergattern, den wir aufgrund unserer beherrschenden Position erlangen können. Diese unsere Stellung hat uns viele Wohltaten beschert, an die unsere Vorfahren nicht einmal im Traum gedacht haben. Leider jedoch sind wir durch nichts zufriedenzustellen. In unserer launischen, unsystematischen und unverantwortlichen Art, in der wir unsere neuen Möglichkeiten nutzen, kennen wir anscheinend keine Grenzen, denn wir verändern die Ordnung der Dinge auf Erden einzig aus dem Grund, unser Geltungsbedürfnis und unsere Gier rasch zu befriedigen. Alles, was unser Ego angenehm berührt, macht uns blind gegenüber andersartigen Überlegungen und unempfindlich gegen die Folgen unserer Taten. Auch untereinander kämpfen wir um Vorherrschaft und verwickeln uns in mörderische Konkurrenzkämpfe, um möglichst schnell Profite einzustreichen, gleichgültig, wie hoch die Kosten für andere sind und ob wir dabei möglicherweise ethische Gebote übertreten. Durch eben dieses Handeln zerstören wir unsere Umwelt. Das neugewonnene Wissen und die neue Macht führen zu gröbstem Mißbrauch und rufen die schlimmsten Wirkungen hervor, weil wir dadurch so vermessen und egozentrisch geworden sind, daß wir unsere Gemeinschaft mit der Natur aufgekündigt haben.

In kürzester Zeit haben wir unzählig viele Tier- und Pflanzenarten, die seit Menschengedenken unsere Gefährten waren und die uns ernährt haben, dezimiert. Auch unsere Umwelt haben wir zu einem Großteil zerstört, indem wir den Boden, die Luft und das Wasser, von denen wir wie alle anderen Lebewesen abhängig sind, verschmutzt und vergiftet haben. Über der riesengroßen Technosphäre, die wir mit wuchernden künstlichen Städten, Industrien und allen möglichen anderen künstlichen Systemen errichteten, haben wir übersehen, daß deren ständig wachsendes Bedürfnis nach Raum und Ressourcen nur auf Kosten der natürlichen Systeme zu befriedigen ist und daß deren Wachstum uns zu einer unnatürlichen, mechanistischen Lebensart in übervölkerten Städten zwingt. Jetzt erst fangen wir zu erkennen an: wir müssen einen sehr hohen Preis dafür zahlen, daß wir der Versuchung erlegen sind, die Erde so umzugestalten, als würden wir sie alleine bewohnen. Dabei ist dieser Planet doch gerade deswegen so schön und fruchtbar, weil er neben den Menschen so viele andere Arten von Leben beheimatet. Wie zur Krönung unseres Werks der Zerstörung haben wir schließlich gelernt, das Künstlichste unserer Erzeugnisse herzustellen – die Bombe, die in einem Augenblick all das zerstören kann, was nicht nur für den Menschen buchstäblich lebensnotwendig ist.

Obwohl die eben angestellte Projektion der Erd- und Menschheitsgeschichte auf die sieben Tage einer Woche keineswegs exakt ist, würde sich die Sache nicht merklich anders darstellen, wenn der Maßstab nicht stimmen würde; ebensowenig würde jedwede Veränderung im Verhältnis der Phasen zueinander etwas ändern an der gesamten Darstellung der Position des Menschen und seiner gegenwärtigen Zivilisation im Rahmen der übergreifenden Erdgeschichte. Andererseits sollte man den Nutzen dieses Vergleichs nicht unterschätzen, denn er stellt das gesamte Zeitalter des Menschen in einen exakten zeitlichen Rahmen und hebt zugleich die Verkettung der zahllosen Umstände und Faktoren hervor, die nicht nur zur Entstehung des Menschen geführt haben, sondern auch dazu, daß ihm die notwendigen Bedingungen seiner Existenz und seines Erfolgs ständig zur Verfügung standen. Darüber hinaus unterstreicht er unsere Zugehörigkeit zu einem großen dynamischen Ganzen, er zeigt, daß *unsere Einheit mit der Natur die grundlegende Bedingung unseres Seins ist,* und warnt uns eindringlich davor, die Kräfte der Natur zu schwächen bzw. unsere Beziehungen zu ihr zu lockern, da wir uns damit letztlich und unvermeidlich selbst schaden. Wenn wir diese Hinweise außer Acht lassen, dann kann dies nur zu schwerwiegenden Fehlern führen. Mit anderen Worten: Obwohl der Mensch sich in der Welt, die er sein eigen nennt, eine Vorzugsnische geschaffen hat, wird seine Lage immer prekärer, wenn nicht gar lebensbedrohend, solange er nicht aufhört, den dummen, nimmersatten Tyrannen über die ganze Erde zu spielen.

Wie plötzlich und radikal sich unsere Lage verschlechtert hat, können wir nur dann ermessen, wenn wir das Schicksal des Menschen in diesem übergreifenden Zusammenhang betrachten. Er lehrt uns auch, daß wir erstmals in unserer Geschichte die volle Verantwortung für unser Schicksal tragen. Wir müssen wohl oder übel einsehen, daß die Umkehr hauptsächlich von uns abhängt und daß es vor allem unsere künftigen Taten sind, die über die kommenden Ereignisse und damit auch über unser eigenes Geschick entscheiden. Unsere Zukunft wird entweder lang oder kurz, wunderbar oder schrecklich, lohnend oder elend sein, und diese Alternativen hängen insbesondere davon ab, ob wir die Struktur des Lebens auf dem ganzen Planeten erhalten oder zerstören bzw. wie wir sie aufgrund unseres ungeheuren Wissens und unserer Macht verändern. Genauso wichtig ist die Erkenntnis, daß unsere Zukunft erstmals die der ganzen Erde umfaßt, daß die Alternativen Leben oder Tod die Menschheit insgesamt betreffen und nicht mehr nur einige Regionen oder Nationen. Diese Fakten zeigen deutlich die neuen Dimensionen, in denen sich das einzigartige Wesen Mensch bewegt, seit es in der Lage ist, in die Lebenszyklen und -systeme auf Erden positiv oder negativ einzugreifen und dadurch entweder wissend oder unbewußt sein eigenes Schicksal und das vieler anderer Arten zu bestimmen.

Diese Überlegungen über die grundlegende, obgleich in

Vergessenheit geratene Bedeutung der Natur für unser aller Leben sowie über unsere noch ungewohnte Fähigkeit, unsere Beziehungen zu ihr zu verändern, sind so wichtig, daß ihre Darstellung in verschiedenen Versionen unsere Einsicht nur bereichern kann, ähnlich wie in der Musik Variationen über ein Thema dessen Schönheit entfalten. So ist es zum Beispiel immer wieder lohnend, sich ins Gedächtnis zu rufen, daß *der Mensch am Anfang seiner Entwicklung als ein Schwächling immer in der Defensive war* und daß es damals sehr, sehr wenige Menschen gab. Jahrtausendelang fristete der Mensch sein Dasein in verstreut lebenden und nur lose miteinander verbundenen Familienverbänden; langsam entwickelten sich sein Verstand und seine manuellen Fertigkeiten, so daß er sich ein Dach über dem Kopf bauen konnte und Werkzeuge, Gegenstände des täglichen Bedarfs und Waffen herstellen lernte. Seine Hände führten aus, was sein Kopf wollte, und auf diese Weise war er besser gewappnet für den Überlebenskampf. Er lernte, sein Gebiet vor Feinden und sich selbst vor den Unbilden der Wildnis und des Wetters zu schützen und gründete schließlich die ersten primitiven Formen von Gesellschaft.

In diesem prähistorischen Stadium des Unternehmens Mensch war für fast all das gesorgt, was die Spezies zu ihrer elementaren Existenz benötigte. Vor etwa zehntausend Jahren dann lernten begabtere und vom Glück begünstigtere Sippen oder Stämme, wie man Kräuter und Pflanzen züchtete und Tiere zähmte, so daß sie in regelmäßigen Abständen Nahrung lieferten, und wie man diese Nahrung zur Vorratshaltung konservierte. Danach wurden die Menschen im Umkreis ihrer Wiesen und Felder mehr oder weniger seßhaft und gründeten die ersten Dörfer. Von diesen relativ sicheren Ausgangspunkten aus brachen dann kühne Expeditionen auf, um noch mehr Nahrung, noch mehr Land oder noch mehr Wasser zu entdekken, wobei Gruppen von schwächeren Menschen, die ihnen im Wege standen, unterjocht oder ausgerottet wurden. Die Überreste früherer Kulturen und die heute noch fortlebenden Sagen und Legenden bezeugen diese allmähliche Entwicklung des Menschen in seiner frühen Geschichte. Als sich dann die

Bevölkerung vermehrte, als sich deren Bedürfnisse vervielfältigten, änderte sich auch das Tempo der menschlichen Fortentwicklung, und es erblühten immer hochentwickeltere Zivilisationen.

Die allerletzte Phase in diesem historischen Zyklus – Siedlung, Entdeckung, Eroberung und Herrschaft – ist sehr kurz und dauert noch an. Sie begann mit der Entstehung der modernen Nationalstaaten. Im Namen von Gott, König oder Vaterland gingen diese Staaten dazu über, ihre Sprache, ihre Flagge und ihre Gesetze in die entlegensten Winkel der Erde zu tragen; und dieser Drang führte dazu, daß sie miteinander kämpften und undenkbar viele Kriege führten. Gipfelpunkt dieser Phase waren der Prozeß der weltweiten Entkolonialisierung und die Entstehung der letzten beiden Weltreiche, die wir Supermächte nennen. Diese Periode, die im Rahmen der gesamten Menschheitsentwicklung nur ein paar Jahrhunderte oder etwa zwei Prozent einnimmt, war gekennzeichnet durch vielfältigen Wandel auf fast allen Gebieten. Davon ausgenommen blieben leider das politische Denken und die politischen Institutionen; in dieser Hinsicht sind wir kaum über das Niveau der Jahrhunderte zuvor hinausgekommen. Auch in Sachen Kultur sind unsere Vorstellungen weitgehend ein Produkt der Vergangenheit und das, obwohl die ganze Menschheit von materiellen Revolutionen erschüttert wurde, durch die in schwindelerregendem Tempo neue Sphären des Wissens und der Macht erschlossen wurden. Weil der Mensch in seiner politischen und kulturellen Entwicklung zurückblieb, ist er – paradoxerweise – ausgerechnet *heute auf dem Gipfelpunkt seiner Macht* am meisten gefährdet.

Unser Liebäugeln mit den materiellen Revolutionen müssen wir vor dem Hintergrund sehen, daß wir ihnen weder politisch noch kulturell gewachsen sind. In unserem Machtrausch tun wir all das, was wir tun *können,* und nicht etwa das, was wir tun *sollten;* wir schreiten vorwärts, ohne uns um irgendwelche *Ge- oder Verbote* zu kümmern, geschweige denn um die moralischen und ethischen Bedenken. Die Folgen dieses Fehlurteils bzw. unseres unverantwortlichen Verhaltens liegen auf der Hand. Wir haben sehr viele Krankheiten besiegt, uns aber in unserem Fortpflanzungsverhalten keinerlei Schranken auferlegt – mit dem Ergebnis, daß die Weltbevölkerung sich fabelhaft vermehrt. Wir haben eine hochentwickelte Militärtechnologie, was angesichts sogenannter souveräner Staaten, die streitsüchtig sind und keine Gelegenheit versäumen, sich bis an die Zähne zu bewaffnen, bedeutet, daß die ganze Menschheit gegenwärtig mit dem Feuer spielt. Wir produzieren auf Teufel komm raus und frönen unserer Neigung zu Konsum und materiellem Besitz, wodurch wir die Nachfrage nach Gütern, Nahrungsmitteln und Dienstleistungen in einem dramatischen Umfang gesteigert haben. Wir haben künstliche Bedürfnisse geweckt, indem wir den Umkreis der lebensnotwendigen Bedürfnisse um immer neue Moden und Produkte erweitert haben, die technisch schon veraltet sind, wenn sie auf den Markt kommen. Um die wachsenden Bedürfnisse des zügellosen Militarismus und unseres Konsumwahns zu befriedigen, vergreifen wir uns ständig mehr an der natürlichen Umwelt und beuten Bodenschätze und lebendige Ressourcen rücksichtslos aus. Mit diesen unseren Taten machen wir unsere einzigartige und unersetzliche Welt unwiderruflich ärmer, denn ihre großzügigen Wohltaten sind endlicher Natur. Selbst wenn sich alle anderen ungünstigen Umstände verbessern ließen, *kann allein unser anmaßender Umgang mit der Natur unseren Untergang herbeiführen.*

Die Biosphäre, jenes dichte Netz von Lebensformen, das in der dünnen Schicht aus Wasser, Luft und Erde beheimatet ist, die unseren Planeten umgibt, befindet sich in einem sehr bedenklichen, ja bedrückenden Zustand. Die Gesetze der Logik und die Erfahrung lehren uns, daß ein System bei exponentiellem Wachstum eines seiner Faktoren – wie zum Beispiel des menschlichen Einwirkens auf die Biosphäre – entweder stark genug ist, um den anomalen Faktor in seinem Wachstum zu hemmen, oder aber es unterliegt und mutiert, wenn es nicht gar zugrunde geht. Erst in der letzten Zeit fragen wir uns widerwillig, ob die Menschheit sich mit ihrem zügellosen Wirtschafts- und Bevölkerungswachstum nicht zu einem solch kritischen und untragbaren Faktor entwickelt, daß in dem begrenzten und empfindlichen Lebensraum auf unserem Planeten eines der beiden negativen Ergebnisse unvermeidbar wird. Wenn wir drauf und dran sind, solch ein destruktives Element zu werden, dann müssen wir entweder spontan unser Verhalten ändern, solange wir dazu noch in der Lage sind, oder wir müssen unweigerlich unter der Katastrophe leiden, in die wir den ganzen Erdball gestürzt haben.

Wir haben uns in diesem Zusammenhang zu fragen, ob unsere Eingriffe in die Biosphäre und unsere Ausbeutung der Bodenschätze nicht weiter gehen als deren natürliche Kraft zur Regeneration. Die Frage lautet mit anderen Worten, ob heutzutage Millionen und Abermillionen Menschen nicht schon so sehr von ihrem wissenschaftlich-technischen und industriellen Leistungsdenken verseucht und den Lockungen des materiellen Wohlstands erlegen sind, daß sie die Ausbeutung der Ökosysteme über den kritischen Punkt hinaustreiben. Heutzutage leugnet niemand mehr den ungeheuren Einfluß, den die Ausbreitung der menschlichen Zivilisation auf die Struktur des Lebens auf Erden gehabt hat, bzw. daß das Ausmaß an negativer Veränderung, Manipulation und Zerstörung, das der Mensch den Ökosystemen angetan hat, alles in den Schatten stellt, was in der Vergangenheit geschehen ist. Obwohl wir bereits genügend negative Anzeichen dafür haben, daß der Mensch diese Systeme viel zu stark belastet, trauen sich nur sehr wenige Leute, offen zuzugeben, daß diese Eingriffe allzu rücksichtslos geschehen und außer Kontrolle geraten sind. Genauso aber sieht die Praxis auf der ganzen Welt aus.

Die Wildnis, früher die einzige Umgebung des Menschen und immer noch das Herzstück der Natur wie der Schoß des Lebens, geht sehr rasch zurück, und zwar selbst in Gegenden, wo sie bislang noch in großem Ausmaß existiert. Ihr Verschwinden kann nicht nur sehr schlimme Auswirkungen auf unser Leben haben, sondern sogar unser Überleben unmöglich machen. Der in Hunderten von Millionen Jahren entstandene genetische Pool, der sich in den Laboratorien der Natur diversifiziert und auf seinen heutigen Höchststand entwickelt hat, wird unerbittlich korrumpiert und dezimiert; und oft wird die natürliche Heimat vieler Arten unwiederbringlich zerstört. Unzählige Mikroorganismen und andere verhältnismäßig einfache Lebensformen, die für das dynamische Gleichgewicht der Biosphäre und das Ausgleichen von Defiziten unerläßlich sind, werden einfach ausgelöscht. Nur unsere eigene Ignoranz hindert uns noch daran zu begreifen, wie unentbehrlich die fruchtbare Vielfalt des Lebens auch für eine gesunde menschliche Existenz ist. Jede Pflanze und jedes Tier, und seien sie noch so winzig, ist ein Mikrokosmos eigener Art. Um bis heute zu überleben, mußten sie alle erfolgreich und manchmal auf sehr schlichte Art Tausende biochemischer und biophysikalischer Probleme lösen, für die wir oft noch gar keine Formel gefunden haben. Wenn wir sie mit der nötigen Geduld studieren, werden wir zu der Erkenntnis kommen, daß alle Formen von Leben reichhaltige Speicher wertvoller Informationen darstellen. Wonach ein Wissenschaftler heute noch sucht, das hat wahrscheinlich ein Käfer schon vor langer Zeit ,,erfunden" und besser, billiger und sauberer gemacht. Indem wir andere Lebensformen auslöschen, zerstören wir endgültig eine Quelle von Wissen, Weisheit und Erfahrung, die es nirgendwo anders mehr gibt.

Auch die noch verbliebenen höheren Pflanzen- und Tierarten sind uns auf Gedeih und Verderb ausgeliefert. Diejenigen, die wir ökonomisch verwerten können, werden entweder rücksichtslos ausgerottet oder indirekt zum Aussterben gebracht, indem wir ihre natürliche Umwelt zur Befriedigung elementarer oder auch luxuriöser Bedürfnisse verwenden. Andere Arten wiederum lassen wir nur deshalb überleben, damit wir sie um des Geldes oder des Vergnügens willen jagen können. Oder sie werden in Gefangenschaft gezüchtet oder gezähmt, systematisch gekreuzt, kastriert, künstlich befruchtet und gut versorgt, damit sie uns Nahrung, Fasern, Häute und Nutzholz liefern. Niemand weiß jedoch, ob diese ökonomisch verwertbaren Tiere und Pflanzen nicht letztlich zu irgendeiner Art von Degeneration verdammt sind. Denkbar auch, daß ihre

Widerstandskraft gegen Seuchen und Krankheiten dadurch untergraben wird, daß man sie nicht der natürlichen Konkurrenz und Auslese aussetzt, welche die genetische Evolution der wilden Arten beschleunigen und deren Lebenstüchtigkeit fördern. Unser Weg, einige wenige Arten und Abarten aus dem Kaleidoskop des Lebens auszuwählen, auf daß sie in halb künstlicher Isolation mit uns leben, kann sich auf diese Weise als Irrweg erweisen und unsere stolzen Pläne letztendlich zunichtemachen.

Darüber hinaus führen das Bevölkerungswachstum und die wirtschaftliche Expansion unter den gegebenen Umständen notwendig zur Ausbildung einer immer umfangreicheren und *hochentwickelteren Technosphäre,* die zwangsweise mit der Biosphäre in Konkurrenz und Kollision tritt. Infolgedessen wird sich die negative Entwicklung unserer biologischen Umwelt nicht nur fortsetzen, sondern laufend verschlimmern. Es ist ein untragbarer Zustand, daß wir bislang keine Ahnung davon haben, wie sehr sich dies auf unsere eigene Existenz auswirken wird, schlimmer noch, daß uns diese Unkenntnis meist nicht einmal besonders stört. Dringend geboten ist es daher, genauere Kenntnisse über die Auswirkungen unserer Taten wie unserer mangelnden Umweltpolitik zu erwerben. In der Zwischenzeit müssen wir ein paar Sofortmaßnahmen ergreifen, selbst wenn wir uns hinsichtlich ihres tatsächlichen Wertes nicht ganz sicher sind, und wir müssen eine Art Moratorium für offenkundig umweltschädliche Aktivitäten beschließen.

Eine langfristige Politik der Erhaltung unserer natürlichen Umwelt muß sich dabei auf eine *neue Ethik des Lebens* gründen, die auf der Erkenntnis beruht, daß jede Beeinträchtigung der lebenserhaltenden Kraft unseres Planeten wie ein Bumerang auf uns zurückfallen wird und daß die Lebensqualität unserer Zukunft in einem bislang unvorstellbaren Ausmaß von unserer Haltung gegenüber anderen Lebewesen abhängt, welche die Erde bevölkern. Allen Schulkindern sollte man es einhämmern, daß der schleichende Ökozid, den wir aufgrund unserer unbedachten oder raffgierigen Handlungen zu verantworten haben, uns gründlicher vernichten kann als der große Knall eines nuklearen Holocaust. Außerdem kann eine solche, bislang undenkbare Katastrophe – falls wir unser Verhalten nicht bald ändern – schon dann eintreten, wenn wir noch gar nicht darauf gefaßt sind – zum Beispiel bevor die Erdbevölkerung sechs- bis siebentausend Millionen Menschen beträgt.

Die Umweltkampagne muß mit allem Nachdruck geführt werden, weil unsere Zeitgenossen sich hartnäckig weigern, die engen Zusammenhänge zwischen den Komplexen Wirtschafts- und Bevölkerungspolitik und Ökologie anzuerkennen. Lassen Sie mich dieses Thema kurz vertiefen. Die Weigerung, sich den Realitäten zu stellen, ist in diesem wie in anderen Fällen reinster Eskapismus oder der Versuch, unser momentanes Nichtstun, unsere Schwächen und unsere Exzesse damit zu rechtfertigen, daß wir sie zur angeborenen Eigenschaft der Menschennatur erklären. Da behauptet man, die Menschen hätten ihre vorherrschende Stellung auf dem Planeten Erde dank ihres von Selbstsucht, Gier, Machthunger, Intoleranz und Aggressivität getriebenen rücksichtslosen Verhaltens erworben und sie hätten diese Charakterzüge von ihren affenähnlichen Vorfahren geerbt. Die Argumentation geht dann so weiter, daß die Charaktereigenschaften, die es unseren Vorfahren ermöglichten, alle Konkurrenten aus dem Tierreich sowie schwächere oder weniger intelligente Menschen auszuschalten, nunmehr in unserem genetischen Code verankert seien und uns daher auch heute noch, auf dem Höhepunkt unserer evolutionären Entwicklung, prägten. Wir können sie also nicht loswerden, obwohl diese ehedem nützlichen Eigenschaften heutzutage zu Negativwerten geworden sind. Diese Hypothese besagt somit auch, daß wir uns einem unabänderlichen Schicksal beugen müssen, da wir uralten Instinkten und damit sozusagen dem Tier in uns gehorchen.

Meiner Meinung nach ist dies eine zwar gefällige, wissenschaftlich und moralisch aber kaum begründbare Annahme, die ich nur dann akzeptieren könnte, wenn sich stringent beweisen ließe, daß die gegenwärtige Krise des Menschen in praktisch unveränderlichen *biologischen* Eigenschaften unserer Spezies begründet ist und nicht auf einer vorübergehenden und veränderbaren Konstellation von Faktoren beruht.

Insbesondere kann ich solchen Ansichten nicht zustimmen, die behaupten, wir hätten deshalb Schwierigkeiten, weil wir als Menschen einen fundamentalen Mangel aufweisen; auch lehne ich die These ab, derzufolge wir uns durch die vorrangige Entwicklung unseres Gehirns zu sehr spezialisiert haben, um uns noch rasch genug an die Veränderungen in einer Welt anpassen zu können, die höchste Anforderungen gerade an diese Anpassungsfähigkeit stellt. Danach wären wir durch die unveränderlichen Gesetze der Natur zum Untergang verdammt, weil wir ironischerweise durch den eigenartigen menschlichen Virus namens Intelligenz in unserer Vitalität geschwächt sind. Im Gegensatz zu diesen Theorien bin ich davon überzeugt, daß unsere gegenwärtige Krise sich nicht unserem genetischen Erbe verdankt und daher auch keineswegs unvermeidlich ist. Zwar handelt es sich um eine schwere, letztlich aber um eine überwindbare Krise unserer Kultur, welche sich aus der jüdisch-christlichen Tradition und deren weltweiter Verbreitung entwickelt hat.

Diese Zivilisation, auf die wir so stolz sind, hat nicht nur von jeher den Menschen vergöttert und seine Herrschaft über die Erde, wenn nicht gar das ganze Universum, gepriesen, sondern praktisch auch alles gutgeheißen, was der Mensch unternommen hat, um seine führende Stellung zu behaupten. Jedes Mittel, das er zu diesem Zweck eingesetzt hat, wurde dabei gerechtfertigt. Zwar beinhaltet unsere Kultur lauter edle Prinzipien, die auf einem ganzen Korpus geistiger und moralischer Werte beruhen – und theoretisch sollte sich der Mensch auch danach richten –, doch sind die kulturellen Grundlagen der bei uns vorherrschenden Zivilisation so anthropozentrisch, daß sie uns praktisch alles erlauben und uns die Freiheit geben, von diesen Prinzipien abzuweichen, sobald sie unseren Interessen entgegenstehen oder unser eitles Ego verletzen. Heutzutage neigen wir so sehr dazu, jedem greifbaren Nutzen und jeder materiellen Überlegung Vorrang einzuräumen, daß wir die Menschlichkeit in den Hintergrund drängen und damit logischerweise den Hauptgegenstand unserer Verehrung, den Fortschritt, in den Vordergrund stellen – welche Bedeutung wir diesem Zauberwort auch immer beimessen mögen.

Daher ist die Krise, mit der wir zu kämpfen haben, eine Krise unserer Identität wie unserer Ziele. Sie ist sowohl Ursache als auch Folge der tiefen inneren Widersprüche, die unser Denken und Tun bestimmen. Sie unterstreicht die Diskrepanz zwischen den neuen Realitäten, die wir laufend schaffen, einerseits und unserem Verständnis für die Gründe ihrer Existenz sowie unserer Fähigkeit, mit ihnen zurechtzukommen, andererseits. So kommt es, daß wir den Weg in die Zukunft mit Riesenschritten zurücklegen, dabei die fortgeschrittensten Mittel verwenden, die uns zur Verfügung stehen, unsere Gedanken und Emotionen, unsere Politik und unsere Institutionen aber weiterhin in der Vergangenheit verwurzelt bleiben. Diese Dichotomie zwischen dem hohen Standard unserer Technologie und unserer überholten Philosophie stärkt diejenigen Kräfte, die die Krise herbeigeführt haben und sie nun zu verewigen trachten.

Ich werde darauf noch zurückkommen. Zunächst geht es vor allem darum, zu erkennen, daß unsere mißliche Lage im wesentlichen kulturelle und nicht etwa biologische Ursachen hat. Denn unser Verständnis für die raschen und radikalen Veränderungen, die wir in der Welt bewerkstelligen, hat mit diesen nicht Schritt gehalten und unsere Fähigkeit, sich ihnen anzupassen, ebensowenig. Dieser Teufelskreis ist zwar äußerst beunruhigend, doch läßt er sich durchbrechen, indem man ihn korrigiert und umkehrt. Wir sollten daher keineswegs verzweifeln, denn unsere Lage ist nicht hoffnungslos. Wie wir noch sehen werden, verfügt jedes menschliche Wesen über große Reserven an Verständnis und Kreativität sowie über einen Schatz nicht nur nicht genutzter, sondern sogar gering geschätzter moralischer Ressourcen. Diese bilden ein unberührtes Potential, das systematisch entwickelt werden kann und muß, um den Schaden, den wir uns und unserer Umwelt angetan haben, wiedergutzumachen und um beide wieder ins Gleichgewicht zu bringen. Dies zu erkennen und gemäß dieser

Erkenntnis zu handeln, ist der grundlegende Imperativ unserer Zeit und die Hauptbotschaft dieses Buches.

Der simpelste und ehrlichste Weg, uns wieder ins Lot zu bringen, besteht darin, sich die einfachen und grundlegenden Wahrheiten über unser Verhältnis zur Natur bewußtzumachen. Wenn wir auf dem Schlüsselgebiet der Ethik des Lebens feste kulturelle Grundlagen für unser Verhalten schaffen, dann wäre dies allein schon ein so kolossaler Fortschritt gegenüber dem jetzigen Zustand fehlender Aufklärung und mangelnder Verantwortung, der nicht ohne Wirkung bleiben kann. Es lohnt sich daher, dieses Thema zu vertiefen, selbst wenn manches wiederholt wird.

Im Zuge der materiellen Revolutionen sind unsere Fähigkeiten und Erwartungen ungeheuer vielfältig geworden und haben den Gang der Geschichte radikal verändert. Das menschliche Leben wurde dadurch künstlicher und komplexer, aber auch anfälliger für eine ganze Reihe unnatürlicher Probleme und Gefahren gemacht. Vor weniger als zweihundert Jahren bestand die ganze Industrie erst aus ein paar mechanischen Webstühlen, Dampfmaschinen und anderen einfachen Apparaten, die nur eine begrenzte Anzahl von Arbeitern von schwerer körperlicher Arbeit befreit haben. Heutzutage hat die Industrie weltweit kolossale Dimensionen angenommen und ist damit zum Symbol und zur Waffe unserer Zivilisation geworden. Die industrielle Revolution hat jedoch, so ungeheuerlich es klingen mag, offenbar mehr Bedürfnisse geschaffen, als sie selbst befriedigen bzw. die Welt an Rohstoffen liefern kann.

Der industriellen folgte die wissenschaftliche Revolution: das Wissen der Menschheit erweiterte sich enorm, wenn auch ungleichmäßig. Wir verfügen über ein schwindelerregendes Maß an Kenntnissen über die Geheimnisse des Lebens bis hin zum genetischen Code; wir wissen um die Gesetze der Materie, welche die Bewegungen im Universum regieren und selbst die allerkleinsten Teile miteinander verbinden. Auf Gebieten, die für die Existenz, die Leistungen und das Glück des Menschen die bedeutsameren sind, wissen wir dagegen viel zu wenig. Die Quantität unseres gesamten Wissens verdoppelt sich alle sieben bis zwölf Jahre, doch ist dieser Wissensfundus einseitig und wird es auch weiterhin bleiben. Während die sogenannten exakten Wissenschaften großzügigst gefördert werden, hinken Gesellschafts- und Humanwissenschaften hoffnungslos hinterher. Dies ist aber keineswegs das einzige Mißverhältnis. So schätzt man, daß mehr als neunzig Prozent aller Wissenschaftler, die je gelebt haben, heutzutage leben; zu unserer Schande müssen wir jedoch gestehen, daß fast die Hälfte an sogenannten militärischen Verteidigungsprojekten arbeitet. Überdies gelangt aus dem Füllhorn der Wissenschaft nur ein kleiner Bruchteil ins Bewußtsein der Normalmenschen, denn die meisten sind nicht darauf vorbereitet, die verfügbaren Daten und Informationen zu erfassen, zu verdauen und richtig zu gebrauchen. Offensichtlich bedarf es einer Neuordnung der Prioritäten und großer Anstrengungen, um die Wissenschaft von fremden Interessen zu säubern und sie einer ausschließlich humanen Aufgabe zuzuführen.

Ähnliche Überlegungen müssen in bezug auf die technologische Revolution angestellt werden, die in der Anwendung des wissenschaftlichen Know-hows auf das Alltagsleben beruht. Der Einfluß der Technologie ist so durchschlagend, daß sie den Menschen überall auf der Welt einen nie dagewesenen Wohlstand bis Luxus beschert hat – wenngleich dieser äußerst ungleich verteilt ist. Jedenfalls wurden allseits falsche Hoffnungen in die wunderwirkenden Möglichkeiten der Technologie gesetzt. Die allzu hochgesteckten Erwartungen in ein neues Zeitalter des Überflusses und in schnelle technologische Lösungen für die meisten Probleme der Menschheit haben dabei einzig unseren Realitätssinn getrübt, den Mythos vom Wachstum geschaffen, unser moralisches Empfinden untergraben und unsere Einstellung zur Arbeit verändert. Insofern sind sie größtenteils verantwortlich für die gegenwärtige Krise. Schon werfen neue technologische Höchstleistungen ihre Schatten voraus und ködern uns mit Versprechen, die sich letztlich jedoch als Fata Morgana erweisen können. Wir sind versucht, unser Los zu ändern, indem wir tief in der Erde oder auf dem Grunde des Ozeans nach sagenhaften Eldorados graben, indem wir die Gentechnologie anwenden, um die Qualität von Pflanzen, Tieren oder gar Menschen zu verbessern oder indem wir all unsere Aktivitäten über Roboter und Informationssysteme abwickeln und die Schauplätze unserer militärischen Auseinandersetzungen in den Raum zwischen den Kontinenten und die höher gelegenen Schichten der Atmosphäre verlagern. Doch können wir damit keinem unserer eigentlichen Probleme entkommen oder es gar lösen, denn diese heißen Unkenntnis, Intoleranz, Ungleichheit, Instabilität und Unsicherheit.

Die materiellen Revolutionen und unsere diesbezüglichen Mythen haben unser Urteilsvermögen getrübt und den Menschen daran gehindert, das Ausmaß seiner eigenen Versklavung und seiner Entfremdung von der Natur zu erkennen. Die Welt, mit der sie uns konfrontieren, richtet sich nicht mehr nach den natürlichen Kräften und Zyklen, die unseren Vorfahren jahrtausendelang vertraut waren, die die Grundlage ihrer Weisheit, ihrer Werte und ihrer Kultur bildeten und die wir genauso dringend brauchen wie künftige Generationen. Die Natur wird ihres Reichtums beraubt und gedemütigt. Wir haben eine hybride Welt geschaffen, in der die ursprünglichen Elemente dem unablässigen Fluß von künstlichen Inputs unterworfen und darin verändert werden. Die sich daraus ergebenden Situationen sind oft so unvorhersehbar und erschütternd, daß wir ihnen nicht gewachsen sind. Wir verlieren den Kontakt zur Realität um so stärker, je mehr wir sie auf unsere momentane anarchische Art und Weise verändern – mit dem Ergebnis, daß wir *von der Natur entfremdet* sind und uns *in ihr wie Fremde* fühlen.

Die Umwelt ist bereits so tiefgreifend transformiert, manipuliert und verschmutzt, daß weitere unbesonnene Eingriffe von seiten des Menschen endgültig nicht wiedergutzumachende destabilisierende Auswirkungen haben können. Selbst die durchdachtesten und sorgfältigst ausgeführten Pläne und Programme, die theoretisch weiten Bevölkerungsteilen Sicherheit und ein bequemes Leben verschaffen könnten, müssen neu überdacht werden. Vom Menschen geschaffenen Systemen fehlen nämlich im allgemeinen die selbstregulierenden, selbstheilenden Eigenschaften, die natürliche Systeme angesichts krisenhafter Veränderungen so flexibel und anpassungsfähig machen. Erstere bedürfen daher ständiger Überwachung und Regulierung. Diese Aufgabe ist jedoch nur schwer zu erfüllen, weil die verschiedenen Systeme von unterschiedlichen Völkern und Nationen zu verschiedenen Zeitpunkten geschaffen und auf verschiedenartige, ja gegensätzliche Zwecke ausgelegt sind, so daß sie miteinander in Konkurrenz stehen. Da sie außerdem immer größer und komplexer werden und sich über den ganzen Planeten ausdehnen, wächst die Gefahr von Kollisionen und Zusammenbrüchen. Aus diesen Gründen müssen wir die Gesamtheit unserer künstlichen Systeme neu überdenken und dahingehend verändern, daß sie sich mit den natürlichen Systemen harmonisch verbinden.

Eine so weitgehende Aufgabe kann selbstverständlich nicht von einer einzelnen Nation bewältigt werden, vielmehr müssen alle Nationen sowie alle internationalen und überregionalen Gruppierungen gemeinsam die Verantwortung übernehmen. Dabei stimmt einen die Feststellung traurig, daß die Chancen für solch ein Projekt momentan sehr schlecht stehen und daß der nackte Wilde in der Savanne und der nomadisierende Schafhirte trotz ihrer primitiven Lebensweise der Natur in vielerlei Hinsicht bessere Freunde und Partner waren als wir, ihre zivilisierten, aber barbarischen Nachfahren aus dem Atomzeitalter.

Erst in den letzten Jahren ist hie und da, wenn auch oft aus falschen Gründen, ein Bewußtsein vom Übermaß der Ausbeutung unserer natürlichen Ressourcen entstanden. Das Establishment ist hierfür ein passendes Beispiel. Zwar hat es einen groben Überblick über die Vorgänge in der Biosphäre, sorgt sich aber nur deswegen um die mögliche Erschöpfung unersetzlicher natürlicher Vorräte, weil dies das ökonomische Wachstum behindern könnte. Im Gegensatz dazu ist es erfreulich zu sehen, daß eine wachsende Anzahl von Bürgern die Notwendigkeit, sich um die kumulativen negativen Auswirkungen unseres schädlichen Herumpfuschens auf unserem Planeten zu kümmern, erkennt. Welche Schlußfolgerung ziehen wir aus diesen Überlegungen? Meines Erachtens läßt sich die Lage dahingehend zusammenfassen: Obwohl wir nunmehr wissen sollten, daß wir die Natur hegen und pflegen und sie mit all unserer Kraft schützen müssen, lassen wir noch immer unserer Machtgier und unserem Leichtsinn freien Lauf. Wir verheeren, vergiften und verschmutzen unsere natürliche Umwelt. Wir verletzen das Herzstück der Natur, die Wildnis, und plündern ihre Schatztruhen. Wir setzen uns hinweg über ihre grundlegenden Gesetze der Stärke durch Selektion und Diversifikation. Wir untergraben eins nach dem anderen ihre Ökosysteme, indem wir sie manipulieren. Wir tun dies wie vieles andere, ohne zu wissen, wie sich unser unachtsames und übermütiges Verhalten für uns selbst auswirken wird, ob es die Lebensqualität mindert, uns an Körper und Seele schwächt und ob wir die materiellen Vorteile nicht viel zu teuer bezahlen. Erst in letzter Zeit dämmert es einigen von uns, daß dieses Verhalten eines Tages schreckliche Folgen haben kann. Das vage Bewußtsein allein genügt aber nicht. Was wir brauchen, ist die volle Einsicht, daß wir uns unverkennbar auf Kollisionskurs mit der Natur befinden und daß wir notwendig die großen Verlierer sein werden, wenn wir diesen Kurs nicht schleunigst ändern.

So ist es denn an der Zeit, unsere Lage und unsere Zukunftsaussichten gründlich zu überdenken, selbst wenn dies unser Vertrauen in die Götzen Fortschritt, Wohlstand und Zivilisation von Grund auf erschüttern sollte. Wir brauchen dringend neue Maßstäbe für unser Denken und Handeln, wenn wir den Weg in die Zukunft sicher und unbesorgt gehen wollen. Und dazu gehört ganz wesentlich der folgende Gedanke: Solange und sofern es uns nicht gelingt, *wieder in Frieden und Harmonie mit der Natur zu leben,* können wir nichts schaffen, was von Dauer wäre. Kein Problem läßt sich richtig angehen, geschweige denn lösen; jede wirtschaftliche oder soziale Entwicklung ist unmöglich, jeder Plan unrealistisch und kein Erbe, das wir unseren Kindern hinterlassen wollen, gesichert.

In Kombination mit der Entwicklung des Menschen ist dies *der grundlegende Imperativ unseres Zeitalters* und einer der wichtigsten Schlüsse aus unseren Überlegungen über den Aufstieg des modernen Menschen zu seiner ungeheuren Machtstellung und beispiellosen Verantwortung auf unserem kleinen, sensiblen Planeten. Alle anderen Überlegungen müssen sich dem unterordnen.

Mensch und Natur

Dialog

Die Grenzen des Wachstums

Ikeda: Das Buch *Die Grenzen des Wachstums,* das 1972 vom Club of Rome herausgegeben wurde, hat weltweit viel bewirkt. Durch seine unerbittlichen Folgerungen für die Zukunft des Menschen hinsichtlich Rohstoffen, Energiequellen, Nahrungsmitteln und Bevölkerungswachstum sahen sich die Menschen überall auf der Welt gezwungen, ihre Haltung gegenüber dem industriellen und technisch-wissenschaftlichen Fortschritt zu überdenken. Einige Optimisten aber beharren noch immer darauf, daß Wissenschaft und Technologie alle Probleme lösen werden, und dazu gehört die Mehrheit jener Leute, die in Politik, Wirtschaft und Technologie gegenwärtig das Sagen haben.

Bei ihren Bemühungen um die Reduzierung der Arbeitslosenzahlen, die Aufstockung des Waffenarsenals und die Förderung der Industrie in ihren jeweiligen Ländern propagieren die Politiker nach wie vor den Traum von einer Wohlstandsgesellschaft. Ökonomen versuchen weiterhin, das Wirtschaftswachstum zu beleben – wahrscheinlich weil ihre eigene soziale Stellung direkt vom Wachstum in der Geschäftswelt abhängig ist. Die Technologen machen es ähnlich. Strenggenommen lautet meine Anklage: Personen dieser drei Kategorien konsumieren und zerstören aus Eigennutz die natürlichen Ressourcen, die Umwelt und wesentliche allgemeine Bedingungen für eine intensivere Art zu leben – Bedingungen, die wir der Nachwelt als Erbe hinterlassen sollten. Sich leichtsinnig dem Optimismus zu verschreiben und andere dazu zu ermutigen, ist jedoch eine unverzeihliche Sünde, besonders wenn man an künftige Generationen denkt.

Wer mit den durch und durch optimistischen Politikern,

Ökonomen und Technikern sympathisiert, negiert die Anzeichen für die gegenwärtige schwere Krise, und zwar mit der Begründung, daß die Beachtung der Krise den allgemeinen Willen zu Wachstum und Entwicklung schwäche. In Japan hat diese Haltung dazu geführt, daß das Erziehungsministerium die Verleger von Grund- und Mittelschulbüchern ersucht hat, die Bilder von Atombombenopfern nicht mehr abzudrucken, weil sie unerträglich seien, sowie Aufsätze über umweltverschmutzende Industrien zu korrigieren und gemäß den ministeriellen Direktiven umzuschreiben.

Das Ministerium zäumt damit das Pferd beim Schwanze auf. Es sollte vielmehr darauf bestehen, daß die Atomwaffen, die das Grauen angerichtet haben, dessen Darstellung das Ministerium beklagt, nicht mehr produziert, gelagert und eingesetzt werden. Leute, die angesichts umweltverschmutzender Industrien und der rücksichtslosen Ausbeutung der natürlichen Ressourcen, Optimisten bleiben, machen sich einer ähnlichen Torheit schuldig wie das japanische Erziehungsministerium.

Peccei: In aller Deutlichkeit hat der erste Bericht an den Club of Rome bewiesen, daß es mit den Ende der sechziger und Anfang der siebziger Jahre in der Wirtschaft vorherrschenden Wachstumsraten nicht mehr so weitergehen kann, und zwar einfach deswegen, weil das Wachstum exponentiell verlief, obwohl der Planet Erde endlich ist. Und für den Fall, daß die Menschheit trotzdem immer mehr produzieren und konsumieren sollte, warnte er vor unkontrollierbaren Kräften, die eines Tages wahrscheinlich ihr sorgfältig aufgebautes System zum Zusammenbruch bringen.

Wie Sie richtig gesagt haben, lassen sich Ökonomen und Politiker wie auch viele Industrielle und Gewerkschaftsführer, die unsere Argumentation ablehnen, von kurzsichtigen, eigennützigen Überlegungen leiten. Diese Anwälte des Wachstums um jeden Preis wischen mit einem Handstreich die langfristigen Interessen der Menschheit ebenso vom Tisch wie unsere moralische Pflicht, den künftigen Generationen den Planeten Erde im selben Zustand zu hinterlassen, in dem wir ihn von unseren Eltern geerbt haben. Sie weigern sich gleichfalls zuzugeben, daß Mitte der siebziger Jahre eine Periode außergewöhnlichen Wirtschaftswachstums zu Ende gegangen ist und daß sich die Bedingungen, die dies ermöglicht haben, nicht wiederherstellen lassen.

Trotz der überall unternommenen Anstrengungen gibt es nämlich bis heute keinerlei Anzeichen dafür, daß die Weltwirtschaft die außerordentlichen Leistungen von früher noch einmal erbringen kann. Der Wunsch nach einem weltweiten Aufschwung von Produktion und Konsum, der sich mit den früheren jährlichen Wachstumsraten messen könnte, wird daher wahrscheinlich ein bloßer Wunschtraum bleiben. Wir müssen uns in unserem Denken und politischen Handeln jedoch von realistischeren Überlegungen leiten lassen. Wir müssen uns dessen bewußt werden, daß wir langfristig die gesamte demographisch-ökonomische Dimension mit der Belastbarkeit der Erde in ein stabiles Gleichgewicht bringen und Mittel und Wege hierfür finden müssen.

Was den ersten Bericht an den Club of Rome anbelangt, so gibt es hinreichend gute Gründe, die beweisen, daß seine zentrale Botschaft für absehbare Zeit gültig bleibt. Unsere Diskussion über die Grenzen des Wachstums hat unser Verständnis für diese Fragen vertieft. Lange Zeit hatte der Mythos, Wachstum sei, in welcher Form auch immer, ein ausschließlich positiv zu bewertender Faktor, unser Denken beherrscht, und dieses verkehrte Konzept hat noch keineswegs seine ganze Attraktivität eingebüßt. Der erste Bericht an den Club of Rome hat jedoch mit seiner Kritik an der Vorstellung, Wachstum um seiner selbst willen sei ein erstrebenswertes Ziel, neuen Konzepten wie dem des „organischen Wachstums“, des „dauerhaften Wachstums“ bzw. der „Entwicklung“ den Weg bereitet und unser Denken damit in vernünftigere Bahnen gelenkt.

Energiequellen und ihre Risiken

Ikeda: Erdöl und Kohle – leider in gleicher Weise große Umweltverschmutzer wie bedeutende Energiequellen – lassen sich nicht reproduzieren, die Vorräte werden daher eines Tages erschöpft sein. Viele Menschen halten die Atomenergie für die Energiequelle der Zukunft. Zahlreiche Reaktorunfälle in verschiedenen Ländern haben jedoch gezeigt, daß die Atomenergie unkalkulierbare Risiken in sich birgt.

Der Vorfall im Three-Mile-Island-Reaktor im amerikanischen Harrisburg hat weltweit Aufsehen erregt. Kurze Zeit später sind auch in Japan radioaktive Strahlen durch ein Leck im Reaktor nach außen gedrungen bzw. hat man öffentlich zugegeben, daß es solche Unfälle in der Vergangenheit gegeben hatte. Zwar stimmt es, daß sie alle auf menschliches Versagen zurückzuführen sind, doch ist der Mensch von Natur aus nicht fehlerlos und damit die Wahrscheinlichkeit groß, daß sich derartige Vorfälle in Zukunft wiederholen. Und selbst wenn man den Anteil menschlicher Arbeit bei solchen Verfahren durch den Einsatz von Computern drastisch reduziert, dann bringt dies keine Lösung des Problems, denn auch der Computer ist weder allmächtig noch unfehlbar. Bislang hat es sich immer um kleinere Zwischenfälle gehandelt, doch ein Unfall von größerem Ausmaß könnte horrende Folgen haben.

Ein weiteres schwerwiegendes Problem ist die Beseitigung des Atommülls. Man kann diese radioaktiven Abfälle so gut versiegeln, wie man will, die Gefahr, daß die Container zerbrechen oder verrotten, bleibt bestehen. Der Vorschlag, den Atommüll auf Raketen zu verladen und zur Sonne zu schikken, erscheint zumindest heute noch als ziemlich weit hergeholt, da allein der Raketenantrieb ungeheuer viel Energie verbraucht. Die beiden anderen Alternativen – man vergräbt den Atommüll tief in der Erde oder kippt ihn ins Meer – sind mit großen Risiken verbunden. Polynesier wie Japaner wehren sich heftig gegen die Pläne der japanischen Regierung, den Atommüll im Pazifischen Ozean zu versenken. Es ist weder möglich noch ratsam, sich auf die Atomenergie als Ersatz für andere Brennstoffe zu verlassen, da der bei dieser Energieproduktion anfallende Müll entweder den Boden oder das Wasser verseucht. Welche Energiequellen werden Ihrer Meinung nach in den kommenden Jahren im Vordergrund stehen?

Peccei: Das Energieproblem gehört sicher zu den großen globalen Problemen, und die Frage, wie es zu lösen ist, wird weltweit noch kontrovers diskutiert. In den letzten Jahrzehnten hat die Menschheit zu ihrer Energieversorgung vorwiegend Kohlenwasserstoffe – insbesondere Erdöl und Erdgas – verwendet und dabei die riesigen Lagerstätten, die im Laufe von Millionen von Jahren entstanden sind, so stark ausgebeutet, daß sie nun beinahe erschöpft sind. Aus diversen Gründen dürfte sich die Lage in den kommenden Jahrzehnten jedoch sicher ändern, denn wir können uns nicht mehr im gleichen Umfang wie zuvor dieser bequem zugänglichen, aber nicht reproduzierbaren Ressourcen bedienen.

Erstens muß man in unserer geteilten Welt mit politischen Hindernissen rechnen. So können die Erdöl produzierenden Länder zum Beispiel, so oft sie wollen, die Preise erhöhen oder ihre Erdölförderung drosseln, um ihren natürlichen Reichtum zu erhalten und den Output langfristig zu planen. Mit Hilfe der Organisation Erdöl exportierender Länder (OPEC) haben die Ölstaaten während der Mini-Ölkrise im Jahre 1973/74 erfolgreich ihr Angebot verringert, die Preise auf einen Schlag verdreifacht und damit Japan und Teile Europas in Schwierigkeiten gebracht. Dies war in gewisser Hinsicht die Strafe für unseren Leichtsinn in den fünfziger und sechziger Jahren. Damals schwelgten die Industriegesellschaften geradezu im Ölrausch, der Rohstoff war billig und in großen Mengen zu haben und konnte mit Pipelines oder Tankern bzw. Tanklastwagen leicht überallhin transportiert werden; damals dachte man, diese Goldgrube würde niemals versiegen. Dann gab es ein grausames Erwachen, doch erwies sich der Schock als heilsam: wir erkennen nun, wie verrückt wir in den sonnigen Tagen des Booms waren, als beinahe jedermann dachte, Öl sei in Hülle und Fülle vorhanden und damit ließen sich alle menschlichen Bedürfnisse befriedigen, egal, wie überzogen sie auch sein mögen. Danach stiegen und stiegen die Erdöl- und Erdgaspreise fast kontinuierlich, und wahrscheinlich werden sie in der näheren Zukunft weiter steigen. Festzuhalten bleibt, daß die Leute inzwischen ein Bewußtsein von der Endlichkeit der Erdölvorräte haben; diese reichen noch dreißig bis vierzig Jahre, aber keineswegs für immer, und das zwingt uns zur Erforschung geeigneter alternativer Energiequellen.

Als Erdölersatz fällt einem als erstes die Kohle ein, weil sie reichlich vorhanden ist. Kohle ist jedoch keineswegs ein so idealer Brennstoff wie Erdöl und Erdgas. Wie Sie bereits ausgeführt haben, verschmutzt die Kohle stärker die Umwelt; auch ist sie schwerer zu fördern und muß bearbeitet werden, bevor sie transportiert und zur Energiegewinnung verwandt werden kann. Außerdem ist die Arbeit im Kohlebergbau so unattraktiv, daß es heutzutage schwer ist, Leute zu finden, die sich bereit finden, in die Grube einzufahren.

Man arbeitet gerade an Projekten zur Lösung dieses Problems, bei denen die Kohle vor Ort vergast oder verflüssigt oder unter Tage verbrannt werden soll. Diese Verfahren sind technologisch und industriell machbar, werden aber noch selten angewandt. Die Umstellung großer Teile der Wirtschaft von Erdöl und Erdgas auf Kohle dürfte jedenfalls ein langwieriger und kostspieliger Prozeß sein; hinzu kommt das ungelöste Problem der starken Umweltverschmutzung durch Kohle.

Daneben gibt es die Atomenergie, die vor wenigen Jahren noch in Mode war. Diesen Fall gilt es sorgfältig zu analysieren. Mit der brennenden Frage nach einer sicheren Beseitigung der radioaktiven Abfälle haben Sie den Nagel auf den Kopf getroffen. Aber selbst wenn man die elektrischen Anlagen, die heutzutage in der Kernspaltungs-Technologie verwandt werden, absolut sicher machen könnte, neige ich zu der Behauptung, daß die menschliche Gesellschaft ein Sicherheitsrisiko ist. Ich kann mir nur schwer vorstellen, wie unsere Staatengemeinschaften, in denen es drunter und drüber geht, die friedliche Nutzung der Kernenergie sicher bewerkstelligen, in der nächsten Zeit Mittel und Wege zu einer harmonischen Koexistenz finden und die Sicherheit von ein paar tausend riesiger Atomkraftwerke garantieren wollen. Selbst wenn dies jedoch möglich wäre, bliebe immer noch die Schwierigkeit, Jahr für Jahr das tödliche Plutonium 239 und andere radioaktive Abfälle sicher zu verpacken, zu transportieren und zu lagern, und das noch dazu in Mengen, die tausendmal größer sind als das Quantum, das man benötigt, um die ganze Erdbevölkerung zu vernichten.

Allein schon die technischen und wirtschaftlichen Probleme des Atomzeitalters sind ungeheuer groß und ihre Lösungen noch längst nicht in Sicht; die damit verbundenen politischen, sozialen, ökologischen und kulturellen Aufgaben aber sind noch viel größer und schwerer zu lösen. Eine der Gefahren liegt in der gesellschaftlichen Entwicklung zum Atomstaat, denn eine für die Energieproduktion und die Überwachung des spaltbaren Materials erforderliche Zentralisierung der gesetzlichen Autorität kann leicht zur Konzentration politischer Macht führen und damit das demokratische Leben beeinträchtigen. Trotz dieser Fülle von Gegenargumenten verkündet manch einer öffentlich, daß mit der Kernfusion – statt der bislang üblichen Kernspaltung – ein Zeitalter reichlicher, billiger und sicherer Energie in Sicht sei. Diese Prognose halte ich jedoch für sehr gewagt, denn es dauert erfahrungsgemäß ziemlich lange, bis eine theoretische Möglichkeit industriell verwertbar wird. Daher sollten wir unsere Hoffnungen nicht auf solche Luftschlösser gründen. Wie die Dinge stehen, wäre es ein lebensgefährlicher Beschluß, wenn die Menschheit eine Grundsatzentscheidung für die Atomenergie treffen würde, ohne vorher einen tiefgreifenden, globalen, soziokulturellen und politischen Wandel durchgemacht zu haben. Eine solche Entscheidung wäre zugleich so hochgradig unverantwortlich, daß man von ihr Abstand nehmen muß.

Ikeda: Wir müßten unbedingt unseren Energieverbrauch einschränken. Statt dessen verbrauchen die Leute jedoch infolge der wachsenden Mechanisierung immer mehr Energie. So lassen die Bewohner der Industrienationen zum Beispiel keine Möglichkeit aus, jedwede körperliche Anstrengung zu vermeiden. Statt auf ihre eigene Muskelkraft zu setzen, benutzen sie mechanische Hilfsmittel. Den Mangel an natürlicher Bewegung gleichen sie dann in Fitness-Centern wiederum mit mechanischen Hilfsmitteln aus. Die Benutzung mechanischer Transportmittel und der Besuch von Fitness-Centern sind pure Energieverschwendung. Die Menschen könnten einen Beitrag zur Senkung des Energieverbrauchs leisten, indem sie, statt Aufzüge und Rolltreppen zu benutzen, einfach die Treppen hinauf- und hinuntersteigen. Desgleichen könnte das Fitness-Training entfallen, wenn sie kurze und mittlere Distanzen zu Fuß zurücklegen würden, statt mit dem Auto zu fahren.

Neben derlei Maßnahmen zur Senkung des Energieverbrauchs sollte die Menschheit sich ernsthaft um die Nutzung der Energie von Sonne, Wind und Wasser bemühen. Statt uns auf nicht reproduzierbare Energiequellen wie Erdöl, Kohle und Uran zu verlassen, sollten wir die natürlichen Elemente effektiv nutzen. Entsprechende Vorhaben werden oft nicht realisiert, weil Sonne und Wind keine regelmäßig fließenden Energiequellen und die Apparaturen zu ihrer Nutzung kostspielig sind. Diese Schwierigkeiten ließen sich jedoch überwinden, wenn der Mensch seine Forschung auf diese Gebiete konzentrieren würde.

Peccei: Damit wir in Zukunft über genügend Energie und das heißt wahrscheinlich über mehr Energie als heute verfügen, müssen bald kontinentale oder regionale – im Idealfall sogar globale – Pläne erstellt werden, die von einer auf Erdöl basierenden Wirtschaft zu einer Ökonomie überleiten, welche eine große Palette von Energiequellen nutzt. Diese Pläne müßten wesentlich auf dem Grundsatz der Energieeinsparung in allen möglichen Formen beruhen, und das erfordert die Entwicklung von politischen Institutionen, Technologien, Lebensgewohnheiten und Produkten, die mit den Erfordernissen des niedrigen Energieverbrauchs vereinbar sind und gleichwohl eine hohe Lebensqualität garantieren.

In aller Kürze lautet der grundlegende Imperativ wie folgt: Wir müssen die Gesellschaft dahingehend verändern, daß sie mit weniger Energie mehr produzieren kann und so viel Energie wie möglich aus reproduzierbaren Energiequellen bezieht, und das heißt, sie muß die Sonne, die Geothermik, die Gezeiten, den Wind und biologische Prozesse zur Energiegewinnung nutzen.

Auch wenn solche alternativen Energiequellen noch ziemlich lange nicht in der Lage sein werden, unseren gesamten Bedarf zu decken, sollte unsere Energiepolitik ihr Augenmerk darauf richten, sie Schritt für Schritt zur hauptsächlichen Quelle zu machen. Gemeinsame Forschungsanstrengungen auf diesem Gebiet werden zweifelsohne Ergebnisse zeitigen, die zeigen, daß sie letztlich die Möglichkeit bieten, unseren Energiebedarf im großen und ganzen zu decken.

Plädoyer für eine natürliche Lebensweise

Ikeda: Unabhängig davon, welche Energiequellen uns in welchem Umfang zur Verfügung stehen, bin ich der Überzeugung, daß die Senkung des Energieverbrauchs ein wichtiger Punkt ist. In unserem hochtechnisierten und -mechanisierten Zeitalter verbrauchen die Menschen viel zuviel Energie allein aus Gründen der Bequemlichkeit. Die Klimaanlagen sind dafür ein ausgezeichnetes Beispiel. Sie entsprangen dem Wunsch, den Menschen auch an heißen Tagen Wohlbefinden und effektives Arbeiten zu garantieren, und wurden in Firmen, Wohnhäusern, Zügen, Autobussen und Autos installiert. Dies hat doppelt schädliche Auswirkungen. Erstens erfordert der Betrieb solcher Anlagen sehr hohe Ausgaben, denn sie funktionieren nur auf der Basis des teuren Rohstoffs Öl. Zweitens wird die Widerstandskraft des menschlichen Körpers gegenüber Erkältungskrankheiten geschwächt, wenn man sich ständig in klimatisierten Räumen aufhält. Außerdem sind unsere Erdölvorräte begrenzt. Das führt mich zu der Frage: Wird der Mensch, wenn diese Vorräte erschöpft sind, in seiner Konstitution so geschwächt sein, daß er in einer natürlichen Umgebung nicht mehr überleben kann? Was halten Sie von unserem grenzenlosen Vertrauen in die künstliche Steuerung natürlicher Vorgänge?

Peccei: Durch unseren Intellekt unterscheiden wir uns von den Tieren, und seit Urzeiten haben unsere Vorfahren ihn benutzt, um Häuser, Gebrauchsgegenstände und Waffen zu erfinden, welche es ihnen gestatteten, relativ bequem und sicher zu leben. Nun sind wir technisch sehr weit fortgeschritten und nehmen dies zum Anlaß, alles zu übertreiben – wir bauen immer höhere Hochhäuser und immer raffiniertere Gebrauchsgegenstände und Waffen. Dadurch gewöhnen wir uns an ein Leben in einer künstlichen Umwelt, das wenig körperlichen Einsatz verlangt und um so mehr Gewicht auf den Verstand legt. All die herrlich bequemen Einrichtungen des modernen Lebens wie Klimaanlagen, Aufzüge, Autos, Automaten usw. können angenehm und erfreulich sein, doch schirmen sie uns ab von der natürlichen Umwelt. Wie Sie sagen, ist es mehr als wahrscheinlich, daß wir an Beweglichkeit verlieren und daß unsere biologische Struktur und unser Durchhaltevermögen geschwächt werden, wenn wir uns weiterhin gegen die Unbequemlichkeiten und Herausforderungen eines natürlichen Lebens abschirmen. Wenn wir, aus welchem Grund auch immer, dazu gezwungen wären, von morgen an ein natürlicheres Leben zu führen, wären wir total verloren, weil nur wenige von uns den Strapazen gewachsen wären. Ich teile Ihre Ansicht, daß ein vernünftiges Maß an Härte in der Lebensführung nicht nur unsere Lebensqualität verbessern, sondern uns auch moralisch, psychologisch und physisch besser auf die Wechselfälle und Unbilden vorbereiten würde, die das Leben in Zukunft für uns vorgesehen hat.

Das fortschreitende Sterben der Wälder

Ikeda: Zwar gehen die Wälder in den Industrienationen rapide zurück, doch existiert die Natur in den sogenannten Entwicklungsländern noch in Form großer zusammenhängender Waldgebiete. Ironischerweise wird jedoch auch dort die natürliche Umwelt im Namen des Fortschritts und der ökonomischen Unabhängigkeit geopfert. So stört zum Beispiel die rasche Entwaldung des Amazonasbeckens auf besorgniserregende Art und Weise das globale Sauerstoffgleichgewicht. Und die Industrienationen sind nicht in der Lage, den Entwicklungsländern ihre Industrialisierungsprogramme zu verbieten. Sind Sie auch der Meinung, daß erstere dieses ernste Problem mit Aufforstungsprogrammen im eigenen Land und Hilfeleistungen anderswo angehen sollten?

Peccei: Die fortschreitende Entwaldung gibt in der Tat Anlaß zu großer Sorge, insbesondere in den übervölkerten Entwicklungsländern. Am schlimmsten ist der Verlust der tropischen Regenwälder, weil dort immer noch die größte Dichte an Tier- und Pflanzenarten gedeiht und weil die oberste Schicht des Bodens leicht vom Regen weggewaschen oder von der Sonne ausgetrocknet wird, sobald die Wälder verschwunden sind. Früher waren riesige Flächen unseres Globus von einem herrlichen grünen Mantel bedeckt, der sich jahrtausendelang von selbst reproduziert hat, aber der Mensch hat dieses Gleichgewicht zerstört, indem er immer mehr von den Reichtümern des Waldes – Wasser und Land, Holz zum Bauen und Feuermachen, Nahrungsmittel und Häute, Fasern- und Jagdtrophäen – beansprucht hat. Von den Wäldern, die es noch gab, als die ersten europäischen Entdecker, Eroberer und Siedler sich die ganze Welt untertan machten, sind bereits rund vierzig Prozent verschwunden.

Zur Zeit gibt es nur noch in wenigen Entwicklungsländern Gebiete mit uraltem Baumbestand; auch sie sind jedoch zum Untergang verurteilt, wenn nicht mit Nachdruck einiges zu ihrer Erhaltung unternommen wird. Im Amazonasbecken wird gerade die größte zusammenhängende Waldfläche abgeholzt, um Industrien, Autobahnen oder Siedlungen Platz zu machen oder um das Holz kommerziell zu nutzen. Und auch in Südostasien und auf den Philippinen gehen ähnlich große Waldgebiete verloren. Anderswo zwingt der verzweifelte Kampf ums Überleben die Ärmsten der Armen, die oft nur Holz oder Holzkohle als Brennstoff kennen, zum Fällen der

Bäume, die sie so dringend brauchen, und wenn sie die Bäume in ihrer Heimat abgeholzt haben, müssen sie weiterziehen, um Brennholz zu finden. Jahrhunderte alte Kleinodien des Waldes werden aber auch von Wilderern, Goldsuchern oder Erdölprospektoren heimgesucht. Damit wird, wie ich bereits gesagt habe, die natürliche Umwelt unzählig vieler Lebewesen für immer zerstört. Die Länder und Völker in all diesen Gegenden der Erde hatten gehofft, dadurch spürbar reicher zu werden. In Wirklichkeit werden sie immer ärmer, weil ihre natürlichen Ressourcen schonungslos bis zum bitteren Ende verbraucht werden.

Ikeda: Um diesem Trend entgegenzuwirken, müssen die Entwicklungsländer unbedingt politisch stabil und langfristig unabhängig sein. Denn für Regierungen, die sich nicht sicher sind, wie lange sie noch an der Macht bleiben, muß sich ihre Politik kurzfristig lohnen; daher haben sie ihre Bevölkerung nicht unter Kontrolle und können sie auch nicht davon abbringen, daß sie planlos einen Wald nach dem anderen abholzt oder die Felder abbrennt, um nur eine der kostspieligen Praktiken in der Landwirtschaft zu nennen. Stabile Regierungen dagegen können eine langfristige Wirtschaftspolitik betreiben und solchen Verwüstungen Einhalt gebieten. So bin ich zum Beispiel besonders beeindruckt davon, wie es die Regierung des früheren Präsidenten Park in Südkorea geschafft hat, ein umfassendes Aufforstungsprogramm durchzuführen, durch das Landstriche, die nach dem törichten Fällen von Nutzholz nur mehr aus roten Lehmböden bestanden, wieder zu herrlichen Waldflächen werden. Und ich vermute, daß ähnliche Erfolge auch in Südostasien, in Afrika sowie in Mittel- und Südamerika möglich wären. Politisch stabile Verhältnisse, die den kommenden Generationen eine vielversprechende wirtschaftliche Zukunft sichern, würden die Menschen dazu veranlassen, daß sie das Grün in ihrem Lande wieder schätzen lernen. Darüber hinaus gibt es in diesen Gegenden sehr viel Regen und Sonnenschein, und das würde wahrscheinlich die Zeit abkürzen, die der Wald zu seiner Erholung braucht.

Die industrialisierten Nationen müssen diesen Völkern zu

einer politisch und wirtschaftlich stabilen Entwicklung verhelfen. Doch wird die Entwicklungshilfe gegenwärtig sehr unzweckmäßig vergeben. Der Konflikt zwischen den Vereinigten Staaten und der Sowjetunion hat auch Regionen der Dritten Welt erfaßt und dort zu Kriegen geführt mit dem Ergebnis, daß das Land noch mehr verwüstet wird und für die landwirtschaftliche Nutzung verlorengeht. Ironischerweise müssen die mächtigen Nationen, die diese Situation verursachen und selbst nur auf ihren augenblicklichen Vorteil aus sind, dann die betreffenden Länder mit Nahrungsmitteln versorgen, die diese selbst nicht mehr herstellen können.

Die ganze Welt muß die Gründe für diesen Teufelskreis erkennen und rasch Maßnahmen ergreifen, um sie umgehend abzuschaffen, denn wenn das globale Sterben der Wälder so weitergeht wie bisher, dann wird der Zeitpunkt, an dem es auf der Erde kein ursprüngliches Grün mehr gibt, nicht allzulange auf sich warten lassen.

Peccei: Unvoreingenommenen Schätzungen zufolge sind die tropischen Regenwälder in höchstens vierzig bis fünfzig Jahren vom Erdboden verschwunden, wenn sie weiterhin so rapide abgeholzt werden wie bisher. Wir können noch kaum ermessen, welche Auswirkungen die mutwillige Vernichtung des grünen Mantels auf die menschliche Kultur und Ökologie haben wird, doch wäre es eine Narrheit zu glauben, daß die Folgen uns nur am Rande berühren. Ich frage mich immer wieder, warum der kultivierte Teil der Menschheit nicht wie ein Mann aufsteht und voller Entsetzen „Stoppt das Massaker!“ schreit. Warum tun die Kirchen, die Vereinigungen von Wissenschaftlern und die Vereinten Nationen nichts, um die Völker und Regierungen eindringlich vor dieser Katastrophe zu warnen? Warum sagen sie nicht, daß zur Strafe für die heutige Zerstörung des Waldes in Zukunft massenhaft Menschen im Elend leben oder gar sterben müssen?

In den meisten entwickelten Nationen ist die Lage dank der unermüdlichen Tätigkeit der ökologischen Bewegungen zur Rettung des Waldes sehr viel besser, obgleich sie auch dort keineswegs befriedigend ist. Viele Waldgebiete stehen unter

Naturschutz, und dort, wo die Holz-, und Papierindustrie floriert, sind Wiederaufforstungspläne staatlicherseits vorgeschrieben. Man kann deswegen aber nicht sagen, daß die industriell betriebene Aufforstung das Problem gänzlich löst, denn eine noch so große Anzahl von Bäumen macht noch lange keinen Wald, und mit den neu gepflanzten Bäumen entsteht keineswegs automatisch jenes breite Spektrum vielfältigster Tier- und Pflanzenarten, das einen Wald erst zum Wald macht. Die Aufforstungspläne umweltbewußter Länder sind jedoch zur Zeit der bestmögliche Kompromiß bzw. zumindest ein Schritt in die richtige Richtung.

Ikeda: Auch in Japan, einem sehr gebirgigen Land, ist die Situation des Waldes alles andere als ideal. Um die großen Städte herum werden große Waldgebiete abgeholzt, um den sich rasch ausbreitenden Siedlungen Platz zu machen. Der Tourismus und die industrielle Entwicklung erfordern den Bau eines riesigen Straßennetzes, das die natürliche Umwelt einer Vielzahl von Tieren und Pflanzen zerstört. Obwohl Ökologen, Biologen und Tierschützer lebhaft Einspruch erheben, stellen sich die Besitzer dieser Ländereien taub gegen derlei Einwände und befürworten die wirtschaftlichen Vorteile, die sich aus dieser Art von Entwicklung ergeben. Das heißt: In einigen Teilen des Landes stehen die Wälder unter Naturschutz, und in anderen werden sie abgeholzt. So spiegelt sich die zwiespältige Lage der Umwelt im kleinen Maßstab einer einzelnen Nation wider.

Es ist sinnlos, arme Menschen aufzufordern, sie sollten im Namen des Natur- und Umweltschutzes darauf verzichten, ihre Lage zu verbessern. Andererseits sind wir beide der Auffassung, daß die natürliche Umwelt geschützt werden muß. Der einzige Ausweg aus dieser Sackgasse liegt darin, die größtmöglichen Anstrengungen zu unternehmen, um sowohl die Umwelt zu erhalten als auch das Wirtschaftswachstum zu fördern. Wenn es sich herausstellen sollte, daß dies unmöglich ist, dann müssen die Menschen, die um des Naturschutzes willen umgesiedelt werden müssen, eine angemessene Entschädigung und Umzugsbeihilfen erhalten. Steuererleichterungen könnten ein Weg sein, um dies auf nationaler Ebene zu bewerkstelligen. Ähnliche Hilfen müßte die Gemeinschaft aller Staaten den Entwicklungsländern zukommen lassen, die zugunsten der Umwelt auf wirtschaftliche Vorteile verzichten müssen.

Peccei: Sie haben in diesem Zusammenhang die Frage aufgeworfen, ob man Leute, die in einem Gebiet leben, das im allgemeinen Interesse erhalten bleiben soll, an der vollen Entfaltung ihrer ökonomischen Möglichkeiten hindern darf, ohne sie dementsprechend zu entschädigen. Dies ist eine wichtige Frage, und zwar sowohl im Rahmen einer Nation als auch im Verhältnis der Nationen zueinander. Meine generelle Antwort lautet, daß man sämtliche vernünftigen Maßnahmen ergreifen sollte, um jedwede mögliche Entwicklung eines Gebietes mit der Sorge um die Erhaltung der Umwelt in Einklang zu bringen. Sobald sich eine mögliche Entwicklung jedoch als unvereinbar mit den Prinzipien des Umweltschutzes erweist, müssen die Leute, deren Privatinitiative dadurch beschränkt wird, angemessen entschädigt werden.

Dieses Gleichheitsprinzip darf aber nicht nur auf nationaler Ebene Gültigkeit haben; es sollte auch international anwendbar werden. Wenn wir globale Ökosysteme wirklich vor Zerstörungen bewahren wollen, genügt es jedoch nicht, über diese Sache zu theoretisieren. Die Industrienationen müssen die politische Initiative ergreifen und, etwa unter der Leitung der Vereinten Nationen, vordringlich diskutieren, wie sich derartige Prinzipien weltweit durchsetzen lassen. Dabei halte ich es für dringend erforderlich, daß jedes Land – insbesondere jedes Entwicklungsland – eine angemessene Entschädigung erhält, wenn es auf Drängen anderer Nationen Umweltschutzmaßnahmen im Interesse einer Region oder der ganzen Welt durchführt, welche seine eigene Entwicklung beeinträchtigen könnten. Dabei weiß ich, wie schwierig es sein wird, auf internationaler Ebene eine Übereinkunft über diese Prinzipien herzustellen und sie wirksam durchzusetzen. Ich sehe aber, abgesehen von einer globalen Diktatur im Namen der Ökologie, keine andere akzeptable Alternative, wenn wir die vom

Menschen verursachte Katastrophe vermeiden und den Planeten Erde – mit all seinen Wäldern, Savannen, Polargebieten, Weltmeeren, Küstenstreifen, Seen, Flüssen, Pflanzen, Tieren, seiner Wildnis, seinem Klima und seiner Atmosphäre – und nicht zuletzt unsere eigene Haut retten wollen.

Im Zusammenhang mit Umweltschutzbewegungen ist Italien ein erwähnenswerter Fall. Das Land besitzt unermeßlich viele alte Baudenkmäler, Kunstschätze und malerische Landschaften, steht aber schändlicherweise in Sachen Naturschutz auf einem der hintersten Tabellenplätze. Erst kürzlich hat man dort den alten Trick wiederentdeckt, wie sich aus Schönheit ein Vermögen holen läßt. Dort gewinnt eine neue Bewegung an Boden, die das natürliche und (kunst-)historische Erbe des Landes auf intelligente Weise erhalten und nutzen will. Diese Bewegung bezieht ihre Stärke nicht aus ihrem Einfluß auf die offizielle Bürokratie, sondern baut auf einer kleinen basisnahen Avantgarde einfallsreicher, kreativer und mutiger Bürger auf – ihr gehören neben Umweltschützern, Biologen, Künstlern und Dichtern ganz gewöhnliche Bürger an, vor allem Schüler und junge Leute. Dank ihrer Arbeit verbreitet sich allmählich die neue Moral eines *aufgeklärten Umweltschutzes.* Natürlich wünscht sich jedermann, daß es der Wirtschaft gut geht, doch setzt man nicht mehr blindlings auf das Wirtschaftswachstum, sondern will dessen soziale und ökologische Kosten und dessen Auswirkungen auf den Menschen in Rechnung stellen; und wenn diese Kosten zu hoch sind, dann beharrt die öffentliche Meinung zunehmend auf der offenen Diskussion von Alternativen.

Ikeda: Auch in Japan versuchen Gruppen von Umweltschützern, ähnliche Erfolge zu erzielen wie ihre italienischen Kollegen, doch haben sie bislang nicht so viel erreicht wie diese, großenteils deswegen, weil eine traditionell starke Bürokratie sie behindert. Zwar trägt die Bürokratie sehr viel zur sozialen Stabilität und Prosperität Japans bei, doch erstickt sie leider auch jede Bewegung, die die etablierten Wertvorstellungen zu verletzen scheint. Eine Bewegung, die stark genug werden will, um unser natürliches, historisches und künstlerisches Erbe zu bewahren, muß daher bei allen Japanern das Bewußtsein von der Notwendigkeit dieser Aufgabe wecken.

Mich erinnern Mittel- und Norditalien so sehr an Japan, daß ich mich bei meinen Besuchen dort immer wie zu Hause fühle. Was aber die Bewahrung des historischen und kunstgeschichtlichen Erbes anbelangt, so unterscheiden sich unsere beiden Nationen in vielerlei Hinsicht. Die herrlichen Baudenkmäler Italiens aus den Zeiten des Römischen Reiches und der Renaissance sind aus Natursteinen oder Ziegeln gebaut. In der traditionellen japanischen Architektur wurde großenteils Holz verwendet, das der Zerstörung durch Wasser und Feuer anheimfällt. Daher ist die Zahl der noch erhaltenen Baudenkmäler sehr viel kleiner als die, die Sie in Italien haben.

Außerdem können viele Japaner nach dem radikalen Wandel unseres Lebensstils im letzten Jahrhundert alte Bauwerke nicht mehr gebrauchen und interessieren sich auch nicht dafür. Die jungen Leute von heute wollen lieber eine Klimaanlage und eine Zentralheizung als die zwar hübschen, aber aus moderner Sicht zweifelsohne unbequemen alten japanischen Häuser. Viele noch erhaltene Exemplare vergangener Architektur hat man daher zu bedeutenden nationalen Kulturgütern erklärt und Museen daraus gemacht, in denen niemand wohnt. Woran man sehen kann, daß auch die Bewahrung der historischen und kulturellen Umwelt Verständnis und die rechten Wertvorstellungen erfordert. Sie sagten, der grüne Mantel der Erde und die ökologischen Systeme müßten erhalten werden, wenn wir unsere eigene Haut retten wollen. In diesem Sinne muß unser historisches und zivilisatorisches Erbe bewahrt werden, wenn wir unsere Seele retten wollen.

Maßnahmen gegen den Ökozid an Millionen Arten

Ikeda: Die Natur sorgt für reichlichen Nachwuchs. So trägt zum Beispiel ein Apfelbaum viel mehr Früchte, als notwendig wären, um die Arterhaltung sicherzustellen, oder die Vögel brüten mehr Eier als nötig aus. Mit dieser „Überproduktion“

berücksichtigen sie das Risiko hoher Sterblichkeit bei ihrem Nachwuchs. Solange der Mensch nur ein normaler Räuber war, der bloß überleben wollte, hat er das natürliche Gleichgewicht nicht gestört. Sobald er aber nach Reichtum zu gieren begann, zerstörte er die lebendigen und leblosen Ressourcen schneller, als die Natur sie reproduzieren konnte, und das hatte zur Folge, daß einige Tierarten bereits ausgerottet sind und ein Großteil der Bodenschätze für immer verloren ist. Leider gibt es jedoch keinerlei Anzeichen dafür, daß der Mensch seine destruktive Jagd nach Reichtümern beendigt.

Was halten Sie von meinem Vorschlag, sich gemeinsam auf bestimmte Grenzen zu einigen, die festlegen, wieweit der Mensch lebendige oder leblose Ressourcen zerstören darf? Vielleicht sollte man auch eine internationale Organisation gründen, um die gebotenen Grenzen zu erforschen und sie durchzusetzen. Natürlich hinge die Effektivität eines derartigen Programms davon ab, daß es von jedem einzelnen Menschen unterstützt wird.

Peccei: Dieses Problem interessiert mich sehr, und einen seiner Aspekte haben wir bereits erörtert. Wissenschaft und Technologie haben uns ein sehr breites Fundament an Informationen und eine große Palette mechanischer bis chemischer Mittel zur Verfügung gestellt, und wir verwenden sie hauptsächlich, um Flora und Fauna zu dezimieren bzw. um diese lebendigen Ressourcen der Erde auszubeuten; und Sie haben richtig festgestellt, daß wir sie schneller vernichten, als sie sich reproduzieren können. Auch die am ehesten zugänglichen leblosen Ressourcen werden rasch verbraucht. Durch die kumulative Wirkung dieser Prozesse untergraben wir immer mehr die eigentlichen Grundlagen unseres Lebens und beeinträchtigen damit die Chancen der Entwicklung, des Wohlstands, ja des Überlebens der Menschheit.

Besonders alarmierend ist unser unverantwortliches Verhalten gegenüber der Vielzahl anderer Lebewesen, die von winzigen Pflanzen bis hin zu hochentwickelten Säugetieren reicht. Schätzungen besagen, daß es fünf bis zehn Millionen Tier- und Pflanzenarten auf der Erde gibt und daß wir bis zum

Jahr 2000 vielleicht eine halbe bis eine Million von ihnen ausgerottet haben werden. Dies ist im wahrsten Sinne des Wortes ein Ökozid. Die Erfahrung zeigt, daß das Gleichgewicht eines ökologischen Systems bereits durch das Verschwinden von einer oder ein paar Spezies empfindlich gestört und oft sogar vollkommen erschüttert wird. Gleichgültig, ob dieser Ökozid aufgrund dringender Bedürfnisse oder unter dem anmaßenden Titel des Fortschritts begangen wird, und gleichgültig, welchen Nutzen wir unmittelbar daraus ziehen, werden wir und unsere Kinder dieses fortgesetzte und weitverbreitete Verbrechen in Zukunft sehr teuer bezahlen müssen.

Wenn wir von den Weltmeeren oder der natürlichen Umwelt als dem *gemeinsamen Erbe der Menschheit* sprechen, dann wird dieser Ausdruck zumeist als ironische Übertreibung verstanden. In Wirklichkeit sind wir alle des Verbrechens schuldig, dieses Erbe rücksichtslos zu verprassen, außerdem dulden wir nicht nur, daß alle nichtmenschlichen Formen des Lebens dem Menschen preisgegeben und vernichtet werden, sondern beteiligen uns über alle Grenzen hinweg an ihrem Niedermetzeln. Und wir machen uns, wie Sie richtig sagen, um so mehr schuldig, als jeder einzelne von uns etwas tun kann, um diesem Verbrechen Einhalt zu gebieten oder seine Gemeinde oder sein Land dazu zu veranlassen. Tausend Sachen sollten und können in dieser Hinsicht unternommen werden, wenn wir nur wirklich handeln wollen.

Ikeda: Ja, vieles von dem, was getan werden kann, hängt indirekt mit der Umweltverschmutzung und dem Ökozid zusammen; nur erkennen wir das manchmal nicht oder wissen nicht um seine Bedeutung. So zahlen zum Beispiel die Bewohner der Industrienationen hohe Preise für Elfenbein und denken oft gar nicht daran, daß sie die Eingeborenen in Afrika damit veranlassen, jeden Elefanten abzuschlachten, der ihnen vor die Flinte kommt, denn deren Stoßzähne sind eine lohnende und bisweilen sogar die einzige Einkommensquelle dieser Leute. Umgekehrt würde niemand die Elefanten töten, wenn kein Mensch Dinge aus Elfenbein kaufen würde. In den Ländern, in denen die Elefantenjagd stattfindet, sind die Regierungen so instabil, daß sie nicht im Stande sind, Gesetze zu erlassen, die die Elefantenjagd verbieten. Wenn die reichen Nationen der Welt ihren Beitrag zur Stabilisierung der politischen Lage in diesen Ländern leisten würden, dann könnte man zu effektiven Maßnahmen greifen, um die Jagd auf wilde Tiere sehr stark einzuschränken. Zu diesen Maßnahmen würde natürlich auch gehören, daß Verstöße gegen die Jagdgesetze verfolgt und bestraft werden. In der freien Marktwirtschaft geht es aber leider so zu, daß die Nachfrage nach einem Artikel sich umgekehrt proportional zu seiner Seltenheit verhält und der Preis, den die Menschen dafür zu zahlen bereit sind, dementsprechend hoch ist. Und das bedeutet, daß es trotz schärfster gesetzlicher Bestimmungen immer Leute geben wird, die sie um hoher Profite willen umgehen wollen und können. Infolgedessen müssen alle Regierungen ihre Völker zu der Einsicht erziehen, daß sowohl der Kauf als auch der Verkauf von Pelzen, Gebeinen und Stoßzähnen wilder Tiere verwerflich ist. Außerdem müssen die jeweiligen Regierungen für andere Einnahmequellen sorgen, um dadurch die Jagd auf wilde Tiere überflüssig zu machen bzw. auf das Minimum zu reduzieren, das erforderlich ist, um eine allzu große Vermehrung dieser Tierarten zu verhindern.

Mein Thema war, wie gedankenlos arme Menschen wilde Tiere töten, um sich damit ein wenig Geld zu verschaffen, und wie gedankenlos in reichen Nationen solche Güter gekauft werden. Dies ist natürlich nur ein Beispiel dafür, wie man mit scheinbar unschuldigen Taten – wie dem Kauf von Elfenbein – indirekt zur Zerstörung der Pflanzen- und Tierwelt auf der Erde beitragen kann. Ich bin mir dessen bewußt, daß man sehr viel mehr unterlassen oder unternehmen kann, um unsere Umwelt zu schützen.

Peccei: Ja, man kann, und ich möchte im folgenden drei Beispiele dafür nennen. Bei dem einen konnte die Verschmutzung des Meeres verringert werden, und die beiden anderen betreffen die Schonung wilder Tiere.

Die Griechen, die nicht nur ein uraltes Volk von Seefahrern sind, sondern heute ein Fünftel der Welthandelsflotte unter ihrer Flagge laufen haben, wollten etwas tun, um die Verschmutzung des Mittelmeeres zu verringern. Alle, die in Griechenland etwas mit der Schiffahrt zu tun haben, von den Reedern bis zur Gewerkschaft, beschlossen, daß ihre Schiffe künftig weder auf offener See noch im Hafen das Meer verschmutzen sollten. Sie baten mich um moralische Unterstützung: der Club of Rome sollte Zeuge sein, wenn sie ihre freiwillige Übereinkunft über die strenge Durchführung dieser Umweltschutzmaßnahme trafen. Da der Club of Rome nicht über eine eigene Organisation verfügt, ersuchte ich vier zuverlässige Umweltschutzorganisationen, sich der Sache anzunehmen, und riet den griechischen Befürwortern des Projekts zur Ausarbeitung eines freiwilligen Verhaltenskodexes zur Rettung der Meere sowie genauer Direktiven zur Überwachung. 1982 wurde das Projekt dann in Angriff genommen, und in weniger als einem Jahr haben sich mehr als fünfhundert Schiffe zu seiner Unterstützung bereit erklärt – ein Beispiel, über das der Rest der seefahrenden Menschheit nachdenken und das er nachahmen sollte.

Nun möchte ich noch einmal auf mein Heimatland zu sprechen kommen. Dort bildet sich gerade in der Öffentlichkeit ein Bewußtsein, was alles zum Schutze der Umwelt getan werden müßte, nur wird im Moment entweder noch gar nichts oder erst halbherzig getan. Ein Beispiel hierfür ist die Bewegung für ein generelles Jagdverbot, die immer mehr Zulauf bekommt. In dem relativ kleinen und dicht besiedelten Italien sind wilde Tiere und Vögel sehr rar geworden, weil man ihnen über die Maßen zugesetzt hat, anstatt ihnen eine faire Chance zur Fortpflanzung in freier Wildbahn zu geben. Hierzu bedarf es sowohl eines Gesinnungswandels als auch gesetzlicher Vorschriften, und es scheint so, als werde es das eines Tages geben, wenn der Druck der öffentlichen Meinung stark genug ist. In Ihrem Land muß der Walfang grundsätzlich in Frage gestellt werden. Könnten nicht unsere beiden Heimatländer, die ansonsten in vielerlei Hinsicht so fortschrittlich sind, ein Vorbild sein und sich bei der Jagd und beim Walfang wechselseitig höflich, aber bestimmt kontrollieren? Und könnten sie nicht am Ende gar ein regelrechtes Abkommen treffen, beides im Laufe von meinetwegen drei Jahren einzustellen? Zwar stimmt es, daß die Jagd in Italien und der Walfang in Japan altehrwürdige und tief in der Kultur des jeweiligen Landes verwurzelte Aktivitäten sind und daß sie vielen Leuten Arbeit geben. Stimmen Sie nicht trotzdem mit mir darin überein, daß unser beider Völker und Regierungen in solchen Angelegenheiten nicht so streng an ihren alten Prinzipien festhalten sollten? Beide Nationen sind sicher in der Lage, all diejenigen Personen zu entschädigen, die aufgrund des Jagd- oder Walfangverbots geschädigt werden. Glauben Sie nicht, daß wir eine gemeinsame Kampagne starten sollten, um die beiden Ziele zu erreichen?

Ikeda: Was die Jagd betrifft, so interessiert es mich, wie das geplante Jagdverbot in Italien aussieht, und ich glaube, daß ähnliche Regelungen auch in Japan möglich sind. Sie wissen vielleicht, daß in Japan bestimmte Tier- und Vogelarten, die kurz vor dem Aussterben sind, gesetzlich geschützt sind, so zum Beispiel der Storch und der japanische Ibis, von denen nur wenige Exemplare überlebt haben. Zweifelsohne werden aber jedes Jahr sehr viele wilde Vögel und Tiere von Jägern erlegt (die in ihrem Leichtsinn manchmal sogar andere Menschen verletzen oder töten).

Natürlich ist es manchmal notwendig, auf Tiere Jagd zu machen, weil ihre Zahl zu groß ist, weil sie – wie das Wildschwein oder die geschützte japanische Antilope – Ernten vernichten und dadurch den Bauern schwere Schäden zufügen. Selbst in solchen Fällen sollte man jedoch alles Erdenkliche unternehmen, um die Felder auf andere Weise zu schützen. Läßt sich der Abschuß dennoch nicht vermeiden, dann sollte dies – wie ich schon sagte – in begrenztem Ausmaß und auf der Basis genauer wissenschaftlicher Forschungsergebnisse passieren. Die Jäger müssen sowohl moralisch als auch technisch im Umgang mit der Waffe unterwiesen werden, und nur charakterlich einwandfreie Personen dürfen die Erlaubnis zum Besitz von Feuerwaffen erhalten.

Ich stelle fest, daß Japan wegen des Walfangs ständig im

Kreuzfeuer der Kritik steht. Zweifelsohne leben viele Japaner vom Walfang, und ich glaube nicht, daß man ihre Gefühle und Bedürfnisse ignorieren kann. Trotzdem sollte der Walfang eingestellt werden, um diese wertvollen Meeresbewohner vor dem Aussterben zu bewahren; und die Regierung sollte, wie Sie sagen, neue Arbeitsplätze bereitstellen und den Betroffenen finanzielle Hilfe gewähren.

Plädoyer für eine Geburtenbeschränkung

Ikeda: Das Bevölkerungswachstum ist ein entscheidender Faktor im Hinblick auf natürliche Ressourcen, Energie und Nahrungsmittel. Durch eine bessere und breiter gestreute medizinische Versorgung ist die Säuglingssterblichkeit zurückgegangen, und das hat insbesondere in den Entwicklungsländern zu einem explosionsartigen Bevölkerungswachstum geführt. Zwar ist es zu begrüßen, daß weniger Kinder sterben, doch leiden die überlebenden vielfach unter Krankheiten, die auf Unterernährung beruhen. In diesen Ländern sind es die Eltern gewohnt, viele Kinder zu bekommen, damit wenigstens ein paar das Erwachsenenalter erreichen, und sie hören nicht auf, viele Kinder in die Welt zu setzen, obwohl dies unter den modernen Lebensbedingungen gar nicht mehr notwendig ist. Dadurch wächst die Bevölkerung sehr rasch. Es bedarf einer Geburtenbeschränkung, damit die Kinder, die auf die Welt kommen, garantiert genug zu essen und die Chance einer guten Erziehung erhalten. In China und Indien gibt es zu diesem Zweck Unterrichtsprogramme, die mit Geldern der Regierung finanziert werden, deren Ergebnisse aber leider noch nicht ganz den in sie gesetzten Erwartungen entsprechen. Versuche des Gesetzgebers, sich in diesen Privatbereich einzumischen, sind unerwünscht, sofern sie über ermutigende Worte zugunsten der Geburtenkontrolle hinausgehen, denn dann verletzen sie grundlegende Menschenrechte. Ich selbst halte derartige Eingriffe für schlimmer als materielle Krisen. Welcher Weg scheint Ihnen am besten geeignet, das Bevölkerungswachstum zu beschränken?

Peccei: Ich glaube, es wäre ideal, wenn jeder Mensch sich gemäß seinen moralischen und praktischen Erwägungen frei entscheiden und dabei seine Verantwortung gegenüber dem Nachwuchs und der Gesellschaft berücksichtigen würde. Letzteres bedeutet, daß das Recht auf Kinder, wie jedes andere Recht auch, nicht nur Pflichten mit sich bringt, sondern auch immanente Schranken beinhaltet. Daher sollte jedes Individuum es wahrnehmen in dem Bewußtsein, daß die Sorge für den Nachwuchs auch ein höheres, allgemeineres, nämlich ein soziales, politisches und ökonomisches Gut ist. Desgleichen wäre es ideal, wenn jeder Mensch diese Pflichten anerkennen würde und in der Lage wäre, Beschränkungen zu akzeptieren. Leider ist dies aber nicht der Fall. Allzuoft werden diese Überlegungen aus (vielfach traditioneller) Kinderliebe, aus Stolz, Mutterinstinkt, Fatalismus oder purer Ignoranz über den Haufen geworfen – mit dem Ergebnis, daß mehr Kinder auf die Welt kommen, als die familiären Umstände bzw. das Allgemeinwohl gestatten oder ratsam erscheinen lassen.

In vielen Gegenden der Erde ist dies unter anderem darauf zurückzuführen, daß man weder den Ernst der Lage noch deren Ursachen kennt. Schuld am explosionsartigen Bevölkerungswachstum und der daraus folgenden dramatischen Lage der Menschheit sind aber nicht nur die Individuen, die ohne Rücksicht auf die Folgen Kinder in die Welt setzen, sondern auch die Regierungen, welche der Ansicht sind, das Bevölkerungswachstum komme ihrem Prestige und ihrer Machtpolitik zugute.

Auf der Weltbevölkerungskonferenz der UNO im Jahre 1974 in Bukarest hat die Mehrzahl der Staaten gegen jegliche Geburtenbeschränkung votiert. Mehrere Staaten haben aber seither ihre Haltung geändert, ein bemerkenswertes Beispiel ist Mexiko. Dennoch ist das dortige Bevölkerungswachstum so enorm, daß es sich zum nationalen Problem Nr. 1 ausgewachsen hat. Das exponentielle Wachstum der Bevölkerung übersteigt unser Vorstellungsvermögen, und es kann in einigen Ländern zu extremen politischen Maßnahmen führen. China ist da ein aktueller Fall. Dieses Land hat von Zeit zu Zeit

Versuche unternommen, um das maßlose Bevölkerungswachstum unter Kontrolle zu bekommen, doch blieben die Resultate unbefriedigend. Die Volkszählung im Jahre 1982 hat nun endgültig die kolossalen Dimensionen des Problems offenbart – seit dem Jahre 1949 hat sich die Bevölkerung nämlich mehr als verdoppelt, ist sie von fünfhundert Millionen auf über eine Milliarde angewachsen. Zugleich hat man Studien angefertigt, die zu dem Schluß kommen, daß das Land nur etwa achthundert Millionen Menschen ein bescheidenes, aber erträgliches Leben bieten kann. Vor derart schmerzliche Alternativen gestellt hat die chinesische Regierung sich zu einer unbeugsamen Bevölkerungspolitik mit strengen, ja drastischen Maßnahmen entschlossen – oder soll man sagen, daß sie dazu gezwungen war? Sie will damit verhindern, daß die Bevölkerung bis zum Jahr 2000 die oberste Grenze von 1,2 Milliarden überschreitet, ein Ziel, das in der Tat nur sehr schwer zu erreichen ist. Dieser Fall zeigt den hohen Preis, den man zu zahlen hat, wenn man den Bevölkerungsproblemen nicht rechtzeitig und offen begegnet.

Ikeda: Die Bevölkerung sollte nur so weit wachsen, wie es möglich ist, sie zu ernähren. In der Welt von heute produzieren und exportieren einige Nationen verschiedene Industriegüter, um die für die Ernährung ihrer Bevölkerung notwendigen Nahrungsmittel importieren zu können. Andere Nationen betätigen sich großenteils als Nahrungsmittelexporteure; und mit dem Geld, das sie durch die Transaktionen vor allem mit den Industrienationen verdienen, kaufen sie die Industriegüter, die sie benötigen. Doch wächst die Bevölkerung in den Nahrungsmittel exportierenden Ländern und damit die Nachfrage nach den inländischen Nahrungsmitteln.

Wenn die Exporteure den Punkt erreichen, an dem sie sich den Export nicht mehr leisten können, werden die Importeure wieder zu Selbstversorgern werden müssen. Denn wir müssen daran denken, daß die Menschen nur die Feld- und Meeresfrüchte, nicht aber die Industriegüter essen können.

Ich weiß, daß die Sache mit der Selbstversorgung eine komplizierte Angelegenheit ist. Verschiedene Länder haben unterschiedliche Klimazonen und können daher nur produzieren, was in ihrer jeweiligen natürlichen Umgebung wächst. Das bedeutet, daß selbst die Nationen, die genug Nahrungsmittel produzieren, um den Hunger ihrer Bevölkerung zu stillen, mit anderen Nationen handeln müssen, um eine ausgewogene Ernährung sicherzustellen. Selbst im Mittelalter, als in Europa fast alle Regionen Selbstversorger waren, importierte man Gewürze aus dem fernen Asien. Heutzutage sind die Menschen teilweise hinsichtlich ihrer Eßgewohnheiten so anspruchsvoll, daß Delikatessen importiert werden müssen, um ihren Gaumen zu befriedigen. Selbst wenn man all dies in Betracht zieht, bleibt es jedoch ein erstrebenswertes Ziel, Selbstversorgung auf dem Gebiet der Grundnahrungsmittel anzustreben und die Bevölkerungszahl so weit zu begrenzen, daß die Leute noch ernährt werden können.

Peccei: Kein anderes Thema wird so kontrovers und so wenig überzeugend diskutiert wie das Bevölkerungsproblem. Ich glaube nicht, daß es so etwas gibt wie einen optimalen Bevölkerungsstand – für ein einzelnes Land nicht und erst recht nicht auf die ganze Welt bezogen. Da spielen viel zu viele Elemente eine Rolle, eins davon ist die Frage, welchen Lebensstandard die Generationen im gebär- und zeugungsfähigen Alter genießen wollen und wieviel Lebensqualität sie den nächsten Generationen zubilligen. Wir brauchen aber dennoch mehr Wissen über die komplexen Beziehungen zwischen der Bevölkerungszahl und dem Bedarf an so elementaren Dingen wie Nahrungsmitteln, Wohnungen, medizinischer Versorgung, Erziehung sowie darüber, wie sich die Befriedigung dieser Bedürfnisse auf die Umwelt, die Energieressourcen, die Technologie, die Institutionen und Machtstrukturen usw. auswirkt. Wir müssen uns gleichfalls darüber im klaren sein, daß die Gewohnheit, viele Kinder in die Welt zu setzen, nicht nur tief verwurzelt ist, sondern auch viele Aspekte unserer Kultur, unserer Wertvorstellungen, Glaubensinhalte und Verhaltensweisen umfaßt, so daß es unweigerlich eine heikle, langwierige und schwierige Aufgabe sein wird, sie zu ändern. Darüber hinaus lohnt es sich, daran zu erinnern, daß alle diesbezüglichen Maßnahmen von größtmöglichem Respekt vor der menschlichen Persönlichkeit getragen sein müssen und daß das komplexe Gewebe von Menschenrechten und -pflichten nicht nur in bezug auf das Individuum, sondern auch in bezug auf die Menschheit als Ganze in Gegenwart und Zukunft berücksichtigt werden muß.

Diese vielfältigen Erfordernisse miteinander in Einklang zu bringen, ist wahrscheinlich eine moralische, politische und soziale Daueraufgabe. Dies enthebt uns aber nicht der Notwendigkeit, auf unserem eng gewordenen Planeten für eine Familienplanung und Bevölkerungspolitik zu sorgen, die aufgeklärt und effektiv ist und von den Menschen selbst angenommen wird. Desgleichen sollten wir uns durch die Schwere der Aufgabe nicht von der Erkenntnis abbringen lassen, daß es eine unausgesprochene Gesetzmäßigkeit des Lebens gibt, derzufolge es sich keine Art erlauben kann, sich so weit zu vermehren, daß sie damit ihre eigene Existenz gefährdet.

Vorrang für die Nahrungsmittelversorgung

Ikeda: Eines der vielen Probleme, die mit dem großen Komplex Nahrungsmittelversorgung zusammenhängen, ist die wachsende Anzahl von Nationen, die aufgrund der internationalen Arbeitsteilung auf Nahrungsmittelimporte angewiesen ist. In Japan, einem Land, das ohnehin nur über sehr wenig landwirtschaftlich nutzbaren Boden verfügt, wird letzterer dem Moloch Industrialisierung zum Opfer gebracht. Obwohl Rußland früher ein Agrarland und ein großer Nahrungsmittelexporteur war, importiert die Sowjetunion heute Lebensmittel. Wegen seiner wohlbedachten und erfolgreichen Versuche einer gleichmäßigen Entwicklung von Landwirtschaft und Industrie leidet China gegenwärtig kaum unter Lebensmittelknappheit; wenn die Bevölkerung aber weiter so wächst wie bisher, dann könnte selbst China auf diesem Gebiet einer düsteren Zukunft entgegengehen.

Heutzutage betrachtet man die Industrialisierung als *den*

Weg, den Produktionsgenossenschaften beschreiten sollen. Und zweifelsohne ist die Industrialisierung wichtig, um Arbeitsplätze zu schaffen, um die ökonomische Macht zu vergrößern und die militärische zu stärken. Doch brauchen alle Nationen, wie hochindustrialisiert sie auch sein mögen, zur Nahrungsmittelproduktion eigene Sektoren für Agrikulur, Viehzucht und Fischfang. Die industrialisierten Nationen verwenden das Geld, das sie mit ihrer Industrie verdienen, zum Nahrungsmittelimport aus fremden, vorwiegend landwirtschaftlich orientierten Ländern, und das geht auf Kosten der eigenen Landwirtschaft. Viele dieser Nahrungsmittellieferanten folgen jedoch dem Vorbild ihrer sogenannten fortschrittlichen Nachbarn und industrialisieren ihr Land – mit dem Ergebnis, daß immer weniger Nationen Nahrungsmittellieferanten bleiben. Die Landwirtschaft sollte aber der am meisten geachtete und geförderte Zweig jeder Wirtschaft sein; und ich bin der Ansicht, daß idealiter jede Nation sich auf diesem Gebiet um Autarkie bemühen sollte.

Angesichts des Hungers in der Welt ist es ein Gebot der Menschlichkeit, die Zufuhr an Nahrungsmitteln zu steigern. Und zu diesem Zwecke müssen ineffiziente landwirtschaftliche Methoden überprüft und verbessert werden. Vielleicht bietet aber auch das Meer in diesem Zusammenhang reichhaltige Möglichkeiten.

Zwar wird der Mensch die im Meer lebenden Tiere nie so erfolgreich nutzen können, wie er dies bei einigen Landbewohnern geschafft hat. Immerhin gibt es jedoch bereits Pläne, welche Unterwasserfarmen zur Pflanzen- und Tierzucht erstmals in den Bereich des Möglichen rücken. Mit staatlichen Zuschüssen werden diese Projekte machbar, dabei gilt es aber sogleich sicherzustellen, daß der Mensch die Meeresfauna und -flora nicht ebenso schädigt, wie er es mit dem Boden durch Landwirtschaft und Viehzucht bereits getan hat. Was halten Sie von der Aussicht, den Ozean als möglichen Nahrungsmittellieferanten zu nutzen? Sie wissen wahrscheinlich, daß die Japaner bereits beachtliche Erfolge erzielt haben bei der künstlichen Aufzucht von Meerespflanzen und -tieren zum Zwecke der Nahrungsmittelproduktion.

Peccei: Sie haben sehr recht, wenn Sie die Landwirtschaft und die Nahrungsmittelproduktion die Basis aller menschlichen Aktivitäten nennen. Das ist ganz nach dem Grundsatz, daß wir in unserem Denken die Natur bzw. unsere Beziehungen zu ihr an die erste Stelle rücken müssen.

Als ein Beispiel haben Sie die Weltmeere genannt, die als Nahrungsmittellieferanten noch weitgehend ungenutzt sind. Vielleicht ist dies ein vielversprechendes Unterfangen, obgleich es womöglich nicht so ertragreich ist, wie man zunächst erwarten könnte. Wir haben in den letzten Jahren eine Warnung erhalten: trotz höherer finanzieller Auslagen und hochentwickelter technischer Ausstattung ist der Fischfang weltweit zurückgegangen – ein Zeichen, daß die großen Fischfangflotten aus konkurrierenden Nationen dabei sind, die Weltmeere leerzufischen. Dieser Zustand läßt sich nicht verbessern, solange es keine internationalen Abkommen gibt, die den Hochseefischfang auf eine tragfähige Basis stellen. Eine derartige Kooperation aber ist in absehbarer Zeit nicht zu erwarten. Dagegen sind Meeresfarmen in Buchten und anderen küstennahen Gewässern ein vielversprechendes Projekt. Es handelt sich dabei allerdings um eine Kunst, in der sich die Japaner, Chinesen und andere fernöstliche Länder hervortun und die anderswo kaum praktiziert wird bzw. traditionell weniger verwurzelt ist.

Das Problem der Nahrungsmittelversorgung von fünf bis sechs Milliarden Menschen muß in unserem Denken absoluten Vorrang haben. Zu seiner Lösung bedarf es neuer Ideen und Vorgehensweisen. Meiner Ansicht nach müssen die beiden Grundprinzipien das der regionalen Selbstversorgung und das der globalen Solidarität sein. Vorbei ist die Zeit, da man annahm, daß jede Nation dieses Problem für sich und in freier Konkurrenz auf dem Weltmarkt lösen könne. Heutzutage brauchen die Nationen, die unter Lebensmittelknappheit leiden, vor allem Hilfe zur Selbsthilfe. Insbesondere in der Dritten Welt sollte man eine konzertierte Aktion starten, um geeignete Strategien zur Lösung des Nahrungsmittelproblems zu entwerfen, bei denen alle Länder einer Region ihre jeweiligen

Bemühungen koordinieren, um auf diesem wichtigen Sektor gemeinsam so weit wie möglich zum Selbstversorger zu werden. Zu diesem Zwecke sollte die Produktion der regional bedeutsamen Lebensmittel und damit eine selektive landwirtschaftliche Entwicklung absoluten Vorrang haben – wenn nötig auf Kosten der Industrialisierung: Priorität für die Nahrungsmittelversorgung vor der Industrialisierung. Die Realisierung dieses Grundsatzes wird natürlich je nach der Lage in den verschiedenen Ländern und Regionen unterschiedlich aussehen, doch gibt es keinen Zweifel daran, daß es ohne Nahrungsmittel auch keine Industrie geben kann.

Das Ziel, genügend Nahrungsmittel für alle zu produzieren, läßt sich jedoch nicht überall erreichen. Es gibt zum Beispiel in Afrika, aber auch anderswo Gebiete, deren Klima und Bodenbeschaffenheit ungeeignet sind, wo permanente Trockenheit oder andere ungünstige Bedingungen herrschen, die verhindern, daß dort genügend Nahrungsmittel für den Eigenbedarf der Bevölkerung wachsen. In solchen Fällen ist es die moralische Pflicht jener Regionen, die mehr produzieren als sie konsumieren – und insbesondere auch der reichen Nationen –, diesen Ländern zu helfen. Es versteht sich von selbst, daß eine großzügige Politik dieser Art auch im jeweiligen wohlverstandenen Eigeninteresse liegt, denn wenn man den ärmeren Regionen hilft, ihre Ernährungsprobleme zu lösen, dann ist dies ein Beitrag zur Stabilisierung des weltweiten Systems. Langfristig zahlt es sich also aus, wenn man unseren klein gewordenen und von wechselseitiger Abhängigkeit geprägten Planeten nicht als eine Arena betrachtet, in der man die anderen ausstechen könnte und als Stärkerer von den Schwächen der anderen profitiert, sondern als unsere gemeinsame Heimat, in der wir alle gut oder schlecht leben, je nachdem, wie es dem anderen geht. So könnte die Lösung des Ernährungsproblems ein Vorbild sein: jede Nation oder Region kann das Wohl der Menschheit als Ganzer fördern und letztlich weitaus größeren Vorteil daraus ziehen, als wenn sie im Alleingang bestehen will.

Gleichzeitig wissen wir, daß es viel leichter sein dürfte, genügend Nahrungsmittel für eine wachsende Anzahl von Menschen zu produzieren, als dafür zu sorgen, daß die Hungernden sie auch bekommen. Das größte Problem ist und bleibt nämlich der Transport und die Verteilung. Selbst wenn man sich auf Nahrungsmittelvorräte in fremden Ländern wirklich verlassen könnte und wenn das Geld zum Kauf von Getreide und Schiffen, die es übers Meer in die bedürftigen Länder bringen, vorhanden wäre, dann wäre das schwierigste Problem noch immer nicht gelöst. Denn das Getreide muß erst noch landeinwärts gebracht und seine Verteilung gerecht und systematisch organisiert werden, damit es zu denen gelangt, die es am dringendsten benötigen.

Es bedarf breiter, grenzüberschreitender Kooperation und Solidarität nicht nur innerhalb des Ostens, Westens und Südens, sondern auch zwischen diesen Großräumen, um sowohl die Produktion als auch den Transport und die Verteilung all der Lebensmittel zu gewährleisten, die eine Bevölkerung von fünf bis sechs Milliarden zum Leben braucht. Wenn dieses Grundbedürfnis befriedigt werden soll – und das ist eine wesentliche Voraussetzung für Frieden und Stabilität –, dann muß die weltweite Gemeinschaft der Menschen regionale und überregionale Abkommen treffen und auf allen Ebenen entsprechende Einrichtungen schaffen und für deren effektive Arbeit sorgen.

Ikeda: Ich stimme Ihnen voll zu. Daß man sich, wie ich sagte, zumindest um die Selbstversorgung bei Nahrungsmitteln bemühen muß, ist eine prinzipielle Forderung. Hinzu kommen muß natürlich die Erkenntnis, daß einige Nationen, wie Sie richtig feststellen, wegen der Unfruchtbarkeit ihres Bodens nicht in der Lage sind, so viel Nahrungsmittel herzustellen, wie sie brauchen. Darüber hinaus dürften Gegenden, die entweder wegen ihrer Bedeutung für die Umwelt, ihrer Schönheit oder ihres kulturellen Werts in ihrem ursprünglichen Zustand erhalten werden sollen, nicht zu Ackerland gemacht werden.

Ich wende mich auch strikt gegen den insbesondere in Japan spürbaren Trend, Ackerland für den Bau von Siedlungen oder

Industrieanlagen zu nutzen. Man kann Wohnungen und Fabriken auch auf landwirtschaftlich nicht nutzbarem Boden errichten. Fruchtbares Ackerland sollte unbedingt für die Nahrungsmittelproduktion reserviert werden. Die rationelle Nutzung des Landes, die den jeweiligen Nationen die größtmögliche Steigerung ihrer Nahrungsmittelproduktion erlaubt, muß sowohl in nationalem Rahmen als auch auf globaler Ebene gefördert werden. Wenn das, was Sie grenzüberschreitende Kooperation nennen, zur Schaffung von Institutionen führt, die die Lebensmittelknappheit zu überwinden trachten, dann müssen diese eine solche rationelle Verteilung des Bodens in Betracht ziehen.

Es stimmt zwar, daß sich die größten Industrieanlagen in den klimatisch gemäßigten Gegenden der Welt befinden. Doch kann man sich durchaus vorstellen, daß die großenteils automatisierte Industrie in Zukunft vor allem in Wüstenregionen oder vielleicht auch der Antarktis angesiedelt wird. Dadurch wäre ein Großteil der Menschheit von der Notwendigkeit, in den gemäßigten Zonen Fabrikarbeit zu leisten, entbunden. Statt dessen könnte er dort Ackerbau und Viehzucht betreiben; oder er könnte, unter Berücksichtigung des bedeutenden kulturellen Erbes, in unseren Städten Handel treiben und sich dem Handwerk und den Künsten widmen, bei denen es auf Erfahrung und geistige Reife ankommt.

Das Vordringen der Wüsten und der Rückgang der Wälder

Ikeda: Naturelemente, die sich der Kontrolle des Menschen entziehen – wie die Lufttemperatur, der Regen, die Qualität des Bodens usw. – entscheiden über Erfolg oder Mißerfolg landwirtschaftlicher Bemühungen, obwohl der Mensch diese Elemente manchmal stark beeinflußt. Rücksichtslose Entwicklungsprojekte bewirken zum Beispiel schwerwiegende Veränderungen in der Bodenbeschaffenheit. In dieser Hinsicht hat der Bau des Assuan-Staudamms der ägyptischen Landwirtschaft einen schweren Schlag versetzt. Auch sagt man, daß die Grasnarbe und der Wald im alten Mesopotamien von Rindern regelrecht abgegrast worden und dadurch die Trockenheit zustande gekommen ist, die heutzutage dort herrscht. Und in Nordamerika haben die Menschen Pumas gejagt und getötet, um ihre Herden zu schützen. Das hatte zur Folge, daß ihre Schafe und Kühe die Prärie ungehindert verwüsten konnten.

Jedwede Störung des empfindlichen Gleichgewichts zwischen Flora und Fauna wirkt wie ein Dominostein, der alle anderen zu Fall bringt und ist insofern ein Schritt zur Zerstörung des gesamten biologischen Systems. Trotz dieser bitteren Wahrheit hört der Mensch immer noch nicht auf, die Grundlage zu zerstören, auf der seine Existenz beruht. Wenn der Regen auf bewaldetes oder mit Gras bewachsenes Land fällt, dann wird er lange Zeit im Boden gespeichert. Sobald das Grün verschwunden ist, läuft das Regenwasser entweder ab, oder es verdunstet so schnell, daß der Boden unfruchtbar trocken bleibt. Neben der Bevölkerungsexplosion basiert die Lebensmittelknappheit in Teilen Afrikas und Asiens auf dem Rückgang der Niederschläge und kargen Ernten. Seit Jahren kann man am Beispiel Äthiopiens den tragischen Zusammenhang zwischen dem Vordringen der Wüsten und den Hungersnöten beobachten.

Man sagt, die Sahara sei in den letzten paar tausend Jahren größer geworden. Was ist der Grund dafür? Kann man etwas dagegen tun? Können zumindest die Auswirkungen auf die Ernährungslage in Afrika gestoppt werden?

Peccei: Es gibt genügend Anzeichen dafür, daß in weiten Teilen Afrikas und auch anderswo die Wüsten vordringen und daß dies in den nächsten Jahren noch schlimmer wird. Einige der sich daraus ergebenden Veränderungen lassen sich nicht rückgängig machen. Ihr Beispiel mit der Sahara ist zutreffend. In manchen Gebieten dringt sie in der Tat fünfzig Kilometer pro Jahr vor. Bis zu einem gewissen Grad liegt es an den Gepflogenheiten der Nomadenstämme in diesen Gebieten. Sie halten es für ein Zeichen von Wohlstand, so viel Vieh wie nur möglich zu besitzen; ein Übermaß jedoch führt zur totalen

Vernichtung der Vegetation. Durch schlecht geplante landwirtschaftliche Siedlungen ist die Lage noch schlimmer geworden. Gegenwärtig werden zahlreiche Brunnen gegraben, um das Getreide und die Tiere mit Wasser zu versorgen, dadurch aber sinkt der Grundwasserspiegel. Infolgedessen stirbt die Vegetation an der Oberfläche ab, und ein Stück Land, von dem man leben konnte, wird zur Wüste. Dieser Teufelskreis ist in seiner Eigendynamik nur schwer zu durchbrechen, weil mehrere, sehr verschiedene Ursachen zusammentreffen: traditionelle Glaubensvorstellungen und Gewohnheiten verbinden sich mit dem Bedürfnis dieser Völker zu überleben und dem universellen Drang, rücksichtslos auf Entwicklung zu setzen, ohne auch nur einen Gedanken an die Folgen zu verschwenden. All das ergibt dann den bekannten sträflichen Umgang mit den Boden- und Wasserressourcen.

In anderen Teilen der Welt zeitigen nicht die Wasserknappheit, sondern riesige Wassermassen, die durch Eingriffe des Menschen zustande kommen, katastrophale Folgen. So fällen etwa die Bewohner des Himalaya noch immer laufend Bäume. Der Rückgang der Bewaldung wiederum löst einen unkontrollierbaren Wasserabfluß aus, der flußabwärts in Indien und Bangladesh zu Überschwemmungen führt, die zunehmend größere Schäden anrichten.

Nicht nur der Bevölkerungsdruck und die unmäßige Nachfrage nach mehr von allem und jedem beschleunigen die ernsthafte Verschlechterung unserer gesamten Umwelt, sondern auch der rücksichtslose Gebrauch technischer Möglichkeiten zur Erzielung kurzfristiger Vorteile. Neben den Auswirkungen, die Sie bereits benannt haben, gibt es noch folgende: die Böden werden salzig, verhärten sich und trocknen aus oder erodieren infolge der industriellen Zivilisation; die Seen nehmen so sehr an Nährstoffen zu, daß Algen und andere Pflanzen sie zum Umkippen bringen; der saure Regen zerstört die Wälder, die Atmosphäre wird mit Kohlendioxyden, Rauch- und Staubpartikeln angereichert, in den höhergelegenen Schichten verringert sich das Ozon. Allgemein gesprochen, verschmutzen, vergiften und verwüsten wir die Umwelt, indem wir von allen natürlichen Ressourcen, derer wir habhaft werden können, schnelle Dividenden ernten wollen. Was als ein Mehr an Lebensstandard erscheint, ist in Wirklichkeit nur ein kurzlebiger Wert, den wir mit einem dauerhaften Verlust erkaufen.

Dieses gedanken- und gefühllose Verhalten beruht auf dem Mißbrauch unserer Macht, und von daher ist das Problem vor allem ein kulturelles. Die Erfahrung hat zur Genüge gezeigt: wenn wir die Welt den Menschen überlassen, die gegenwärtig die Macht in Händen haben – den Politikern, Technokraten, Bürokraten und Geschäftsleuten –, dann rennen wir geradewegs in unser Verderben. Sie nämlich sind diejenigen, die die indirekten oder langfristigen Auswirkungen ihrer Taten auf unsere empfindliche ökologische und soziale Umwelt zuwenig in ihre Überlegungen einbeziehen. Auch die Ingenieure, die in ihrem Fach Wunderbares leisten, müssen gebremst werden. Wir brauchen mindestens ebensoviele Pädagogen, Dichter und Denker wie Techniker und Naturwissenschaftler, und unter diesen wahrscheinlich weniger Mechaniker, Fernlastwagenfahrer und Monteure und mehr Landwirte, Agronomen und Bewässerungsexperten.

Die neue Rolle des Menschen in der Welt

Ikeda: Sowohl im Osten als auch im Westen waren die Urmenschen der Ansicht, daß Tiere eine Seele und Gefühle haben, die den seinen sehr ähnlich sind. Später glaubte der Mensch an seine eigene Überlegenheit und verachtete die Tiere als triebhafte Kreaturen, die er nach Lust und Laune, ohne Gewissensbisse, benutzen oder gar ausrotten konnte. Es gibt zwar graduelle Unterschiede zwischen den Tierarten, doch sehe ich bei vielen Tieren Anzeichen für liebevolle Zuneigung und ein wechselseitiges Verständnis, das über das Instinktive hinausgeht, und zwar trifft das sowohl für das Verhältnis zwischen Eltern und Jungen als auch für das zwischen Männchen und Weibchen zu. Oft ist diese Zuneigung bei Tieren sogar offenkundig stärker entwickelt als beim Menschen. Tiere haben viel mit uns gemeinsam und können uns in vielem ein Vorbild sein. Dies ist ein wesentlicher Grund, warum wir sie schützen sollten. Was halten Sie von den emotionalen und möglicherweise seelischen Aspekten des Lebens bei nichtmenschlichen Lebewesen?

Peccei: Ich meine, man sollte diese Frage in zwei Teilen beantworten. Sicher haben Tiere Affinitäten, Zu- und Abneigungen, die den unseren ähneln; auch gibt es bei manchen Arten starke Familien- oder Gruppenbande, während fast alle Tiere zur Rettung ihres Nachwuchses instinktiv fast alles – und das ist noch mehr als bei den Menschen – zu opfern bereit sind. Daß sie wesentliche Eigenschaften mit uns gemeinsam haben bzw. uns in manchem sogar noch übertreffen, sollte dazu führen, daß wir ihnen mehr Respekt zollen. Das ist aber nicht der Fall.

Wie ich schon vielfach bemerkt habe, ist der Glaube vorherrschend, daß dem Menschen die Welt und alles Leben in ihr zur Verfügung stehen. Wir sind die Herren. Außerdem behauptet nicht nur die christliche Religion, daß der Mensch nach dem Ebenbild Gottes geschaffen wurde – ein Anspruch, der von der Selbstvergötterung des Menschen nicht weit entfernt ist. Daß die Welt für uns geschaffen worden ist, daß sie unzweifelhaft in all ihren Aspekten uns gehört und daß wir in und mit ihr alles machen können, was wir wollen – das sind heutzutage so weitverbreitete Glaubenssätze, daß sie zu Fundamenten unseres Denkens geworden sind. Sobald man von diesen Prämissen ausgeht, ist man schnell dabei, jedwede Vorstellung, die uns als Teil derselben Ganzheit sieht, der auch der Löwe und die Spinne angehören, zu verwerfen und zu versichern, daß wir zu Recht über deren Tod und Leben entscheiden, weil wir ganz anders und von daher überlegen sind.

Selbst wenn diese Prinzipien akzeptabel wären, müßte man sie dennoch bis zu ihrer Unkenntlichkeit dehnen, um damit unser grausames und mitleidloses Verhalten gegenüber vielen wehrlosen Tieren entschuldigen zu können. Oft handeln wir nämlich wie ein wilder, gieriger Despot und keineswegs wie ein sensibler und mitleidiger – also humaner – Herrscher, der andere Lebewesen zu verstehen und zu schützen vermag, obwohl er sie für seinen Lebensunterhalt benutzen muß.

Ikeda: Auch ich habe schon bei vielen Gelegenheiten – wie Sie gerade eben – darauf hingewiesen, daß die jüdisch-christliche Vorstellung vom Menschen als einem Geschöpf, das Gott nach seinem Ebenbild geschaffen hat, einer der Gründe für das grausame und gewalttätige Verhalten des Menschen gegenüber anderen Lebewesen ist.

Im Gegensatz dazu billigt der Buddhismus nicht nur dem Menschen, sondern auch allen anderen Lebewesen die Fähigkeit zur Erleuchtung zu, und er betont – was noch wichtiger ist – die Notwendigkeit des Mitleids mit allen Dingen. Die Geschichte aus einem früheren Leben Shakyamuni Buddhas, in der er einem des Hungers sterbenden Tiger ein Stück seines eigenen Fleisches gibt, ist ein anschauliches Beispiel dafür, wie weit das Mitleid im Buddhismus reicht.

Diese Religion betrachtet den Menschen nicht als ein Geschöpf, das von einer einzigen Gottheit erschaffen wurde und am Leben erhalten wird, sondern als ein Wesen, welches das Produkt aller es umgebenden Elemente ist, seien sie kausaler oder bedingender Natur. Da der Mensch sich der segensreichen Unterstützung durch alles Leben erfreut, ist es nur korrekt, wenn er alles in seiner Macht Stehende unternimmt, um sich dadurch bei den anderen Lebewesen für ihre Hilfe zu revanchieren, daß er sie so freundlich wie möglich behandelt. Dies ist die Vorstellung, die hinter dem Gebot des Buddhismus, alles Leben zu erhalten, steckt. Da der Mensch, wie Sie sagten, den anderen Lebewesen in vielerlei Hinsicht überlegen ist, sollte er sie nicht rücksichtslos unterdrücken, sondern sich gütig um sie kümmern.

Peccei: Zwar steht es außer Zweifel, daß wir uns von allen anderen Lebewesen durch unsere überragende Intelligenz und unser ungeheueres Wissen unterscheiden, doch sollte uns gerade letzteres lehren, daß wir uns die in unserem Menschsein enthaltene Verantwortung um so mehr zu Herzen nehmen müssen. Mit unserem Verhalten strafen wir statt dessen die ethischen Normen Lügen, nach denen wir angeblich handeln, und plündern und zerstören verrückterweise, was wir als unsere Domäne betrachten. Manchmal frage ich mich, ob nicht unser stolzer Glaube an unser Vorrecht zur Weltherrschaft eine der Hauptursachen für die schlimmen Krisen ist, in die wir uns hineinmanövriert haben.

Was den anderen Teil Ihrer Frage anbelangt – ob die Tiere eine Seele haben oder nicht –, so sehe ich mich nicht in der Lage, dies zu beantworten. Frisch von der Leber weg würde ich sagen, daß wir, wenn wir so selbstgerecht und gefühllos bleiben, wie wir sind, eher daran zweifeln sollten, ob wir selbst eine Seele haben, als uns danach zu fragen, ob einige Tiere neben den vielen anderen Eigenschaften, die sie mit uns gemeinsam haben, auch noch eine Art Seele haben. Eins steht jedoch außer Frage: es ist höchste Zeit, unsere ganze Weltsicht zu korrigieren und unseren Platz in dieser Welt neu zu bestimmen, einschließlich der vielfältigen Beziehungen, die uns mit dem Leben der Tiere und Pflanzen verbinden.

Die Natur braucht unsere Erste Hilfe

Ikeda: Den Menschen fasziniert seit jeher das Unbekannte, denn er ist grenzenlos neugierig. Durch die Reisen der Entdecker hat er sehr viel gelernt über Dinge, die zuvor in den Tiefen der Länder und Meere dieses Planeten verborgen waren. Und obwohl er deren Geheimnissen erst sehr oberflächlich auf die Spur gekommen ist, gibt es heutzutage praktisch keinen unberührten Fleck mehr auf der Erde. Im letzten Drittel unseres Jahrhunderts erscheint der Weltraum als die letzte Schranke des Menschen.

Auch die Faszination des Weltraums ist nicht neu. Doch hat der Mensch erst seit jüngerer Zeit sein technisches Know-how so weit entwickelt, daß er die nötige Energiemenge erzeugen kann, um Raumschiffe zu bauen, die die Anziehungskraft der Erde überwinden. Diese neuen Fähigkeiten und Fertigkeiten verdanken sich aber großenteils nicht rein wissenschaftlichem

Interesse, sondern dem allgemeinen Fortschritt in der Militärtechnologie. Aus nationalem Prestigedenken haben sich die Sowjetunion und die USA zeitweise begeistert in den Wettstreit um die Vormachtstellung im All gestürzt. Zwar scheint ihrer beider Leidenschaft mittlerweile etwas abgeflaut zu sein, doch könnte sie leicht wieder aufflammen, wenn eine Krise droht. Welchen Nutzen kann sich die Menschheit Ihres Erachtens von Leistungen auf diesem Gebiet erwarten?

Peccei: Trotz der herrlichen Errungenschaften in der Erforschung des Weltraums und trotz der Fortschritte der Wissenschaft auf diesem Gebiet, glaube ich nicht, daß die heute lebenden Generationen sowie deren Kinder und Kindeskinder sich davon irgendeinen größeren Vorteil erwarten sollten. Durch die neuen Weltraumprogramme wird es sicher weitere wissenschaftliche und technologische Fortschritte geben, doch verschlingen sie solche Unmengen an Talent, Sachmitteln und Geld, daß man diese Investitionen zweifelsohne auf anderen Gebieten nutzbringender hätte einsetzen können.

Ich glaube aber weder, daß der Mensch die Weltraumfahrt aufgeben wird, noch daß er dies tun sollte, denn er sucht dort nach etwas Neuem oder erforscht etwas, über das er noch nicht Bescheid weiß, selbst wenn er dabei nicht immer höheren Prinzipien folgt. Gegenwärtig läßt er sich hauptsächlich von drei Motiven leiten: von der Faszination noch ungelöster Rätsel, vom Reiz der Entdeckung unbekannter Ressourcen und von der Hoffnung auf neue militärische Stützpunkte. Dabei wiegt der militärische Anreiz ohne jeden Zweifel am schwersten; das haben die Vereinigten Staaten und die Sowjetunion zur Genüge bewiesen, indem sie Milliarden von Dollars und Rubel ausgegeben haben, um im Weltraum einen strategischen Vorsprung zu erringen. Vielleicht gibt es aber noch ein viertes Motiv: die Illusion, den Problemen auf Erden entrinnen zu können. Denn selbst wenn wir alle militärischen Erwägungen beiseite lassen, würden wir unser Weltraumabenteuer nicht abbrechen, und zwar einfach deswegen, weil es den Weltraum gibt und wir alles über ihn wissen und überall, wo wir können, präsent sein wollen.

Dieser Wunsch und das Unternehmen Weltraum gehen in Ordnung, sofern sie nicht unsere Rivalitäten und kriegerischen Gelüste anstacheln und sofern wir darüber nicht vergessen, daß unsere Operationsbasis hier unten auf der Erde noch voller ungelöster Probleme steckt, die unsere größtmögliche Aufmerksamkeit erfordern. Unsere schwerwiegendsten Probleme ergeben sich aus unseren schlechten Beziehungen zu Mutter Natur, der notwendigen Quelle allen Lebens. Diese Beziehungen wieder in Ordnung zu bringen, muß unser vornehmstes Ziel sein. Die Natur braucht unsere Erste Hilfe.

Teil II

Mensch und Mitmensch

von Daisaku Ikeda

Der Mensch ist sich selbst seine intimste Umwelt. Von der Wiege bis zur Bahre verbringen die Menschen heute in den zivilisierten Gesellschaften praktisch kaum eine Minute außerhalb der Reichweite anderer Menschen. Als Säuglinge leben wir in engem Kontakt mit unseren Eltern und Geschwistern, die uns das Sprechen beibringen und uns auf verschiedenen Gebieten Wissen vermitteln, das unsere Persönlichkeit formt. Sobald der Mensch etwas älter wird, verbringt er den Großteil seiner Zeit mit seinen Lehrern und Schulkameraden. Ist er erwachsen, hat er es mit Arbeitskollegen, Vorgesetzten und Kunden zu tun. Und selbst der Künstler, das unabhängigste und wahrscheinlich einsamste Mitglied der menschlichen Gemeinschaft, kommt nicht ohne andere Menschen aus. Zunächst muß er die handwerklichen Fähigkeiten von seinen Lehrern erlernen; danach kann er es sich – insbesondere heutzutage – nicht leisten, die Kontakte zu seinen Kunden zu vernachlässigen, die seine Arbeiten schätzen und kaufen.

Die mehr oder weniger direkten Beziehungen dieser Art erklären aber noch keineswegs die gesamte Lage des Menschen, denn jedes Individuum ist zusätzlich abhängig von verzweigten sozialen Mechanismen in Verwaltung, Produktion und Kommunikation, die als komplexes Gebilde menschlicher Beziehungen die Grundlage seiner eigenen Existenz bilden. Und obwohl sie ihn einerseits beschränken, sind sie andererseits sehr nützlich.

Damit diese Mechanismen effektiv funktionieren, bedarf es der Unterordnung; einige Menschen müssen also in der Lage sein, Ziele vorzugeben, Pläne auszuarbeiten und deren Ausführung zu kontrollieren. Andere wiederum müssen die Direktiven ausführen, die sie von oben erhalten, und so bleibt es nicht aus, daß einige wenige Herrscher das Recht, Entscheidungen zu treffen, für sich monopolisieren und die Beherrschten darüber die Freiheit verlieren, sich am Entscheidungsprozeß zu beteiligen. Auf diese Weise kommt die Ungleichheit in die Welt, welche zwar vielerlei Vorteile hat, es aber leider auch ermöglicht, daß die Herrscher ihre Freiheit auskosten und andere dazu zwingen, nach ihrem Willen zu handeln. Die Beherrschten müssen sich andererseits damit abfinden, daß sie kein Recht haben, ihren Willen durchzusetzen.

Das Interessante an der Beziehung zwischen Herrscher und Beherrschten ist der Genuß, den der Herrscher empfindet. Obwohl ein Nebenprodukt der Entwicklung sozialer Strukturen, übt diese Wirkung der Macht doch eine kolossale Anziehungskraft auf die Menschen aus. Nach der Lehre des Buddhismus ist der Wunsch zu herrschen der Gipfel aller Wünsche, seine Erfüllung gewährt höchste Befriedigung. Er gehört in den letzten und höchsten Bereich der Wunscherfüllung, der jedoch vom König des Bösen regiert wird. Kurzum, der Buddhismus erkennt das Böse an der Erfüllung des Wunsches, andere seinem Willen zu unterwerfen.

Das Böse raubt anderen die Freude. Dabei sollte das Leben die größte Freude des Menschen sein. Herrscher, die Krieg führen, begehen also eine Todsünde, da sie ihren Untertanen das Leben nehmen. Das soziale System mancher Tiere – Ameisen und Bienen – enthält zwar ein Element der Unterordnung, indem diejenigen bestraft werden, die gegen den sozialen Kodex verstoßen – wenn auch nicht mit der Todesstrafe, wie dies in vielen menschlichen Gesellschaften der Fall ist. Doch zweifle ich, ob der Führer einer Gruppe im Tierreich seine Gefolgschaft zu dem Zwecke organisiert, eine andere Gruppe von Tieren anzugreifen, zu besiegen und zu vernichten. Denn selbst die Ameisenkrieger, die sich manchmal wechselseitig umbringen, tun dies wahrscheinlich nicht auf den Befehl eines Herrschers hin.

Im Gegensatz dazu bringen die Menschen es fertig, andere Menschen gnadenlos abzuschlachten, obwohl sie keinerlei persönliche Feindschaft gegen sie hegen. Sie tun dies aus dem einzigen Grund, daß die anderen willkürlich zum Feind erklärt worden sind. So kämpften zum Beispiel während des Zweiten

Weltkriegs viele Japaner, die zuvor nie etwas gegen Amerikaner gehabt hatten, plötzlich vehement und voller Haß gegen letztere, weil die militaristische Regierung Japans die Vereinigten Staaten zur feindlichen Nation erklärt hatte. Als Japan dann den Krieg verloren hatte, empfingen dieselben Japaner, die sich eben noch vor einem amerikanischen Überfall gefürchtet hatten, die Amerikaner als ihre Freunde. Dieser plötzliche Wandel ist sicher ein Beispiel dafür, wie schnell sich speziell die Japaner an neue Umstände anpassen, doch ist er auch ein Beleg für eine allgemeinere und tiefere Wahrheit über das Verhältnis zwischen Herrscher und Beherrschtem, denn es zeigt, wie weit die Unterwerfung unter den Willen des Herrschers gehen kann.

Zwar gibt es graduelle Unterschiede, doch beinhalten alle Versuche des Menschen, soziale Strukturen zu schaffen, als notwendige Übel Macht und Autorität. Dies ist doppelt tragisch. Erstens für die Beherrschten, weil sie unterdrückt und ins Elend gestürzt werden. Zweitens für den Herrscher, denn er verliert seine Menschlichkeit durch den Besitz der Macht. Außerdem nehmen die unterdrückerischen Tendenzen zu, je höher die Gesellschaften entwickelt sind. Und das bedeutet, daß böse gesinnte Herrscher notwendig immer schwerere Krisen verursachen, solange die Menschen danach streben, ihre Zivilisation zu perfektionieren.

Liebe und Mitleid

Natürlich ist Herrschaft und Unterordnung nicht die einzige Beziehung zwischen Menschen. Der Mensch kann vielmehr auch Liebe und Mitleid empfinden. Christus hat besonderen Wert auf die Liebe gelegt und sie religionspsychologisch begründet. Europäische Philosophen haben über die Natur der Liebe nachgedacht und diskutiert, und erst die Säkularisierung hat sie auf die gewöhnliche Beziehung zwischen Mann und Frau beschränkt.

Ich glaube, daß das Wort *Liebe* bei Christus für das schönste und stärkste Band steht, das Menschen miteinander verbinden kann, obwohl er es zur Charakterisierung der Beziehung zwischen Gott und dem Menschen verwandt hat.

Buddhisten verwenden den Begriff Mitleid, wenn sie ein der christlichen Vorstellung von Liebe ähnliches Gefühl ausdrücken wollen. Das japanische Wort für diese Vorstellung, *jihi,* ist die Wiedergabe von zwei altindischen Begriffen: *maitri,* Freude schenken, und *karuna,* Leiden lindern. Wenn ein Vater seinem Kind Kenntnisse und Fertigkeiten beibringt, mit denen es sein Leben sinnvoller gestalten kann als der Vater, dann schenkt er Freude, selbst wenn sich die Freude erst sehr viel später einstellt. Und wenn die Mutter eine schlaflose Nacht verbringt, weil ihr Kind Fieber hat, und mehr darunter leidet als das kranke Kind, dann lindert sie Leiden.

Nach buddhistischer Lehre sind Liebe und Mitleid göttliche Eigenschaften, die Gott und Buddha auszeichnen. Doch sind sie meines Erachtens auch dem Menschen angeboren. So sind Eltern freiwillig in den Tod gegangen, um ihre Kinder zu retten. Oder Männer sind in die tobende See gesprungen, um wildfremde Menschen herauszuholen. Und nicht zuletzt sind junge Revolutionäre um der Sache der Freiheit willen für ihr Volk gestorben.

Liebe und Mitleid können in widersprüchlichen Formen auftreten. So sieht es auf den ersten Blick wie Mitleid aus, wenn man einem schwächeren Individuum hilft – was zur Folge haben kann, daß derjenige, dem geholfen wird, dadurch schwächer und unselbständiger wird als zuvor. In solchen Fällen ist es ein Akt tieferen, feinfühligeren Mitleids, die nur scheinbar mitleidige Hilfe zu unterlassen. Mitleidig handelt auch, wer die Rechte anderer achtet. Es wäre jedoch verrückt, im Falle eines gefährlichen Kriminellen, der anderen Leid zufügen kann, wenn er frei herumlaufen darf, das Recht auf Freiheit zu achten. Solche Fälle müssen aufgrund der Sitten und Gesetze der jeweiligen Gesellschaft gelöst werden; was zu ihrer Lösung unternommen wird, darf aber nicht aus Machtgier oder Eigeninteresse geschehen, sondern muß der Liebe und dem Mitleid entspringen, die dem Christentum und dem Buddhismus ihre Bedeutung für den Menschen geben.

Alle Arten von Leben sorgen sich um ihre Selbsterhaltung. Alle Lebewesen spüren instinktiv, und zwar seelisch wie körperlich, die Todesgefahr und kennen die Möglichkeit, ihr rechtzeitig zu entfliehen. Im Grunde unseres Herzens sind wir also selbstsüchtig und denken nur an unsere Selbsterhaltung – und unseren Vorteil. Dieser Wesenszug ist uns angeboren. Das gilt aber auch für Liebe und Mitleid.

In dem Bereich, wo sie unmittelbar zur Geltung kommen, beschränken sich Liebe und Mitleid auf wenige Personen – die eigene, auf die Familie, diejenigen, die man liebt usw. Wertvoller werden Liebe und Mitleid erst, wenn sie sich auf einen größeren Kreis von Menschen beziehen. Dennoch dürfen sie auch da nicht ihren instinktiven Charakter verlieren. Denn sofern sie nicht im angeborenen Instinkt verwurzelt sind, bleiben Liebe und Mitleid zwar schöne, aber kraftlose Vorstellungen, die dem machtvollen Ansturm der Selbstsucht nicht zu widerstehen vermögen.

Unsere Liebe und unser Mitleid müssen sich auf alle Menschen gleichermaßen beziehen und dabei instinktive Gefühle bleiben. Dazu müssen wir alle Mitglieder der menschlichen Rasse als unsere Familie betrachten lernen. Religionen, die Liebe zu und Mitleid mit allen Lebewesen predigen, versuchen, die Menschen auf die Gemeinsamkeit allen Lebens aufmerksam zu machen. Jesus von Nazareth, der Begründer des Christentums, den man Gottes Sohn nennt, hat uns gelehrt, die ganze Menschheit zu lieben. Shakyamuni, der Begründer des Buddhismus, den man Buddha (den Erleuchteten) nennt, weil er sich zum Verständnis der Grundgesetze allen Lebens emporarbeitete, hat gelehrt, daß man für alle Menschen Mitleid aufbringen soll, genauso wie der Regen auf jedermann fällt.

Der Altruismus ist der einzig mögliche Weg, um die Selbstsucht und Machtgier des Menschen zu zügeln, daher gilt es, die Macht der Liebe und des Mitleids zu stärken. Meine Frage lautet nun: Wie können Religionen, die Liebe und Mitleid predigen, über die bedrohlichen Mächte der ungezügelten Gier und der Vernichtung siegen? Welche Bedingungen müssen vorhanden sein, damit ihre Lehren wirksam werden?

Das buddhistische Weltbild

Im folgenden möchte ich den buddhistischen Standpunkt zum Mitleid mit der ganzen Menschheit darlegen, nicht etwa weil ich versuchen will, die Überlegenheit einer bestimmten Religion zu beweisen, sondern weil ich als Buddhist ein gewisses Maß an Wissen über diesen Gegenstand besitze. Im Buddhismus gilt das Gesetz von Ursache und Wirkung ausnahmslos für alle Lebewesen. Dieses Gesetz liegt allen Phänomenen im ganzen Universum zugrunde.

So ist zum Beispiel ein Rechtsanwalt deswegen ein Rechtsanwalt, weil verschiedene Ursachen und Wirkungen zusammentreffen. Sein gegenwärtiger Beruf und die dazu erforderlichen Qualifikationen sind die Wirkung. Die Ursachen sind unter anderem Talent und eine akademische Karriere, beschränken sich aber nicht darauf, weil nicht alles aus Ursachen erklärbar ist, die Bestandteil des jetzigen Lebens sind. Wie ich anderswo bereits erklärt habe, geht der Buddhismus von der Vorstellung eines universellen Lebens aus, das in zahllosen Wiedergeburten immer neue Formen annimmt. Jedes Leben ist durch das *karma* bestimmt, und das heißt, die guten und schlechten Taten aus den Vorleben werden mit dem jetzigen vergolten. Denn obwohl Faktoren wie die persönliche Erscheinung, der Charakter, die häusliche Umgebung usw. bedingt sind, lassen sie sich nur schwer aus Ursachen erklären, die im jetzigen Leben liegen. Die buddhistische Philosophie erklärt sie aus Ursachen, die in früheren Leben wirksam waren, wobei letztere nicht unbedingt auf dem Planeten Erde gelebt worden sein müssen – es gibt zahllose andere Planeten, auf denen Leben denkbar ist.

Da jedes Leben sich seit Urzeiten im ganzen Universum immer neue Formen gibt, ist es durchaus möglich, daß alle

Individuen irgendwie miteinander verwandt sind. Kurzum, wir alle können uns im strengen Wortsinn als Mitglieder einer universellen, ewigen Familie begreifen.

Ich habe bereits erklärt, daß Liebe und Mitleid angeborene Eigenschaften sind, die mit dem Selbst-, Familien- und Arterhaltungsinstinkt verwandt sind. Die buddhistische Ethik des Mitleids mit allen Lebewesen wurzelt in dem instinktiven Wunsch nach Arterhaltung, da die mögliche Existenz von Familienbanden zwischen allen Menschen in zahllosen früheren Leben bedeutet, daß alle Menschen buchstäblich eins sind.

Shakyamuni sagte, daß ihm die ganze Welt gehöre und alle Menschen seine Kinder seien. Nichiren Daishonon, den ich und meine Glaubensbrüder als Buddha und Retter der Welt verehren, sagte: ,,Alle Menschen auf Erden sind meine Kinder. All ihre Leiden sind meine Leiden.“ Und jemand, der alle Menschen seine Kinder nennt, muß notwendig leiden, wenn andere Menschen leiden.

Familienbande allein verhindern aber weder Feindseligkeiten noch Haßgefühle. Ganz im Gegenteil können sich Geschwister gerade deshalb besonders hassen, weil sie Bruder und Schwester sind. Im allgemeinen sind ernsthafte Streits innerhalb einer Familie aber weniger alltäglich als Kriege zwischen Menschen, die nicht verwandt sind. Im Grunde genommen muß man also vor allem lernen, anderen Glück zu wünschen und seine eigenen Gefühle von Liebe und Mitleid über den beschränkten Familienkreis hinweg auf das Leben in seiner Gesamtheit zu richten. Die buddhistische Vorstellung von einer einzigen Familie kann diesen Lernprozeß erleichtern und dadurch eine sichere Grundlage für ein Leben in Frieden schaffen.

Der jüdisch-christliche Mythos von Adam und Eva – er besagt, daß alle Menschen miteinander verwandt sind, da sie alle von diesem einen Elternpaar abstammen – beinhaltet, daß der Mensch wie alles andere zu einer bestimmten Zeit von Gott erschaffen worden ist. Statt von einem Schöpfer auszugehen, der den Menschen zu Anfang der Zeiten erschaffen hat, nimmt der Buddhismus an, daß es seit ewigen Zeiten Menschen gegeben hat. (Daß wahrscheinlich auch andere Welten im Universum von Lebewesen bewohnt werden, ist unsere Antwort auf den Einwand, daß die buddhistische Vorstellung der gängigen wissenschaftlichen Auffassung einer biologischen Evolution widerspricht.) Ich halte die buddhistische Erklärung aus dem für alle Phänomene des Lebens gültigen Gesetz von Ursache und Wirkung und der Verwandtschaft aller Menschen untereinander für plausibler als eine mythologische Erklärung vom Ursprung des Menschen.

Einige neuere Entwicklungen in der westlichen Medizin und Psychologie untermauern die buddhistische Vorstellung von mehreren Vorleben. So hat sich zum Beispiel eine Frau unter Hypnose so weit zurückerinnert, daß sie von ihrem Leben als französische Hausfrau Jahrhunderte zuvor berichten konnte. Historiker haben bestätigt, daß ihre Sprache und ihre Beschreibungen des damaligen Lebens mit den wissenschaftlichen Erkenntnissen übereinstimmen. Zum anderen hat ein übernatürlich begabter Amerikaner das Leben mehrerer kranker Personen erforscht und Ursachen für ihre Krankheit entdeckt, die vor ihrer Geburt lagen. Solche Fallreihen liefern faszinierendes Forschungsmaterial. Dennoch ist es sehr schwierig, objektive, wissenschaftlich fundierte Beweise für Dinge zu finden, die vor der Geburt oder nach dem Tode passieren. Zwar stößt die Erforschung vergangenen wie zukünftigen Lebens mittels Hypnose auf Ablehnung in der Welt der Wissenschaft, doch liefert sie der buddhistischen Weltanschauung nichtsdestotrotz überzeugende Argumente.

Der Krieg

Der Krieg ist die schlechteste aller zwischenmenschlichen Beziehungen. Die Geschichte des Menschen war bislang ein blutiges Schauspiel von Krieg und Elend, obwohl Buddhismus und Christentum in Ost und West die Lehre verbreitet haben, daß jeder Mensch eine Seele hat. Nachdem seine Herrscher sich zum Christentum bekannt hatten, brach das römische

Kaiserreich unter dem Ansturm der Völkerwanderung zusammen. Auch später herrschte kein Frieden in Europa, denn es gab Streit zwischen den rivalisierenden Herrschern wie den Feudalherren, und ebensowenig bereitete die Ausbildung der Nationalstaaten dem Blutvergießen ein Ende. Ganz im Gegenteil führte die Gründung der großen, monarchisch regierten Staaten zum Ausbau des Militärs und zu Verbesserungen in der Waffentechnik, durch die die Kriege noch grausamer und brutaler wurden. Zu Beginn ihrer Geschichte konnten die Europäer zumindest noch für sich in Anspruch nehmen, daß sie im Namen der Christenheit kämpften, wenn sie gegen ungläubige Eindringlinge von außerhalb Krieg führten. Für die späteren blutigen Schlachten hatten sie keinen vernünftigen Grund mehr, denn es waren christliche Nationen, die einander bekriegten, und die Soldaten, die sich auf dem Schlachtfeld gegenüberstanden, waren Anhänger ein und derselben Religion, also Leute, die sich als Glaubensbrüder eigentlich hätten achten müssen. Statt dessen führten sie jedoch Krieg gegeneinander, und wahrscheinlich waren diese Kriege die irrationalsten und grausamsten in der Geschichte der Menschheit.

Wenn sich die Kirche an die Grundsätze des christlichen Glaubens gehalten hätte, wäre sie zum Fackelträger der Hoffnung auf Widerstand gegen politische Autoritäten geworden, die in ihrem Machtrausch Menschen als Kanonenfutter benutzten. Kirche und Klerus, die Erben der Gerechtigkeit Christi, betätigten sich aber nicht nur als Strohmänner der politischen Macht, sondern führten auch auf eigene Faust Kriege. Jetzt, wo sie getrennt von der politischen Autorität existieren, haben die christlichen Kirchen ihren Einfluß weitgehend eingebüßt. Und selbst wenn sie die ihnen verbliebene Macht nutzen und sich gegen Tyrannei und Krieg aussprechen, hat ihr Wort nicht mehr viel Gewicht.

War der Buddhismus im Osten bei der Erhaltung des Friedens erfolgreicher? Im dritten Jahrhundert vor Christus bemerkte der berühmte indische Kaiser Ashoka nach seinen Kriegen zur Unterwerfung und Einigung des ganzen Landes, wie grausam militärische Kontrolle ist. Der Geist des Buddhismus war ihm so heilig, daß er versuchte, sein Herrscheramt gemäß den buddhistischen Lehren auszuüben. Er opferte sich auf für sein Volk, plädierte für die Achtung vor allem Leben und baute Krankenhäuser für Menschen und Tiere. Er sandte Botschafter des Friedens in viele Länder – seine Kuriere sollen bis in die Hauptstädte Griechenlands und Ägyptens gereist sein – und schloß viele Freundschaftsverträge mit anderen Nationen.

Was die Neigung, religiöse Lehren zu verwirklichen, anbelangt, ist es aufschlußreich, Kaiser Ashoka mit Ludwig VII. von Frankreich zu vergleichen, den man auch den Heiligen nennt. Ihrer beider unterschiedliche Auffassung in der Frage der internationalen Beziehungen ist ein Beispiel für einen wesentlichen Unterschied zwischen der christlichen und der buddhistischen Haltung gegenüber dem Wert des Lebens. Während Ashoka auf militärische Gewalt verzichtete und Botschafter des Friedens zu seinen Nachbarn sandte, griff Ludwig VII. zu den Waffen und marschierte gen Jerusalem, um den Moslems die heiligen Stätten wieder wegzunehmen.

Beide Könige unterscheiden sich auch in dem, was nach ihrem Tod aus ihren Königreichen wurde. Nach Ludwig VII. stieg das blühende Frankreich zur führenden Monarchie in Europa auf und behielt diese Stellung bis zur Französischen Revolution, obwohl auf Ludwig VII. andere Adelsgeschlechter folgten. Kaiser Ashokas Dynastie ging kurz nach seinem Tode unter, und leider gab es danach keinen Herrscher mehr, der sein geistiges Vermächtnis angetreten hätte. Obwohl auch unter anderen indischen Kaisern und Königen – zum Beispiel dem sehr viel später regierenden Kanishka – der Buddhismus florierte, hat es nie mehr eine politische Macht gegeben, die ihre Herrschaft im Geiste buddhistischen Mitleids ausgeübt hat.

In Japan waren Prinz Shōtoku (574–622) und der Kaiser Shōmu (er regierte von 724–749) gläubige Buddhisten, die gemäß den Lehren ihrer Religion zu regieren suchten. Obwohl sie ziemlich unbekannt sind und ihr Betätigungsfeld kleiner war als das Indien Kaiser Ashokas, waren ihre Ziele genauso edel wie die seinen.

Im Jahre 794 wurde die Hauptstadt Japans von Nara, der Residenz Shōmus, in die Gegend der jetzigen Stadt Kyoto verlegt. Dreihundert Jahre lang gab es keine Todesstrafe; das Land wurde weder von Bürgerkriegen noch von Kriegen mit dem Ausland erschüttert, solange buddhistische Kaiser an der Regierung waren. Mit dem Aufstieg der Kriegerkaste ging die lange Friedenszeit dann zu Ende. Diese historische Situation war das Ergebnis eines komplexen Zusammenspiels von Umständen, zu denen nicht nur Naturkatastrophen, sondern auch wirtschaftliche Instabilität und sozialer Wandel gehörten. Was den Glauben anbelangt, so spielte die Vernachlässigung des Lotus Sutra, desjenigen buddhistischen Klassikers, der am eindringlichsten die Achtung vor allem Leben predigt, dabei sicher eine Rolle.

Als die Hauptstadt nach Kyoto verlegt wurde, hatte der damalige Kaiser den berühmten Priester Saichō (auch bekannt unter dem Namen Dengyō Daishi) zum Berater und Lehrer in religiösen Fragen. Dieser hatte seinen Sitz in den Tempeln unweit der Stadt auf dem Berg Hiei. Saichōs Buddhismus beruhte auf dem Lotus Sutra. In der Folgezeit kamen jedoch durch die Kontakte mit China Sekten ins Land, die mit ihren neuen Vorstellungen sehr viele Menschen faszinierten und von dem im Lotus Sutra niedergelegten Weg des Glaubens abbrachten.

Das Lotus Sutra ist der einzige Klassiker des Buddhismus, der lehrt, daß alle Lebewesen gleichermaßen der Erleuchtung teilhaftig und alle Menschen Buddha werden können. Im Gegensatz dazu lehrten einige der neuen Sekten, daß die Erleuchtung in dieser Welt unmöglich ist und daß man, um der Erleuchtung teilhaftig zu werden, sterben, in einem Paradies im Westen (dem Reinen Land) wiedergeboren werden und dort weiter Disziplin üben muß. Da die Erlösung in dieser Welt unmöglich schien, schenkten die Menschen dem, was auf Erden geschah, keinerlei Beachtung. Dadurch wurden sie zu Wegbereitern der Ungerechtigkeit, der Irrationalität und Grausamkeit.

Zusammenfassend läßt sich sagen: Zwar hat der Buddhismus in einigen Perioden die Praxis des Mitleids befördert, doch hat die Geschichte des Orients auch gezeigt, wie schwer es der Gesellschaft fällt, im Geiste des Buddhismus zu leben. Denn selbst da, wo er die offizielle Religion war, haben die Menschen ihn nur allzurasch vergessen, sobald die Machtgier ihrer Herrscher die Oberhand gewann.

Friede und Nationalstaat

Die doppelte Aufgabe des Nationalstaats besteht darin, im Inneren die Bürger zu regieren und nach außen auf diplomatischer Ebene mit anderen Ländern Kontakt zu halten. Sobald die Diplomatie die Probleme nicht mehr lösen konnte, haben die Staaten auf die Waffengewalt zurückgegriffen, wobei Innenpolitik dabei oft darin bestanden hat, den nächsten Waffengang vorzubereiten. Dies war zumindest ihr allgemeiner Nenner bis zum Ende des Zweiten Weltkriegs. Siegreiche Generäle gereichten der Nation zu höchstem Ruhme. Natürlich waren viel Blutvergießen und zahllose Tote der Preis, den die einfachen Leute um des Ruhmes triumphierender Militärs willen zu zahlen hatten. Insofern erscheinen die Nationalstaaten – insbesondere die modernen – als ständig perfekter werdene riesige Tötungsmaschinerien.

Die Chinesen waren die ersten, die ein so hochentwickeltes Staatswesen schufen, wie wir es sonst nur noch aus der Moderne kennen. Daß sie, trotz gelegentlichen Wechsels in den Dynastien, jahrhundertelang ein so großes und von vielen verschiedenen Rassen bewohntes Land kontinuierlich regiert haben, zeugt von einer gewissen Genialität auf diesem Gebiet. China hatte allerdings nie konkurrierende, ähnlich straff organisierte Staaten in unmittelbarer Nachbarschaft. An seinen Grenzen gab es entweder nur lose miteinander verbundene Nomadenvölker oder schwache, tributpflichtige Staaten, die zwar nach dem chinesischen Vorbild, aber dennoch schlechter organisiert waren.

In Europa war die Lage ganz anders. Dort wurden immer

wieder Kriege um die Vorherrschaft geführt. Im Ersten Weltkrieg, einem der tragischsten Konflikte aller Zeiten, wurde das Ausmaß des Schreckens deutlich, mit dem Krieg führende Nationalstaaten einander überziehen. Als er zu Ende ging, waren sich die Völker dessen aber noch immer nicht genügend bewußt. Ruhmsüchtig wie sie waren, beschlossen die Sieger einen die Verlierer demütigenden Friedensvertrag, der dazu beitrug, den zweiten Akt in diesem Drama voller Schrecken und Wahnsinn, den Zweiten Weltkrieg, zu ermöglichen. Diesmal nutzten beide Lager systematisch Naturwissenschaft und Technologie für ihr Waffenarsenal, und so konnte der Zweite Weltkrieg zum größten Massaker in der Weltgeschichte werden, und auch das Ausmaß der Zerstörung übertraf alles bisher Dagewesene. Nach Kriegsende haben die Siegermächte die Verlierer vor die Internationalen Militärtribunale in Nürnberg und Tokio gestellt und sie im Namen einer humanitären Justiz verurteilt. Dadurch bekam man Gelegenheit, die zuvor allgemein anerkannte Vorstellung zu überprüfen, daß der Staat immer recht hat, egal, was er tut.

Durch die politische Entwicklung nach 1945 hat die Idee des Nationalstaats an Anziehungskraft verloren. So sind etwa aufgrund von Verbesserungen in der Kommunikationstechnologie multinationale Konzerne entstanden, die weltweit grenzüberschreitend operieren. Die Gastgeberländer begrüßen die Tätigkeit solcher Konzerne auf ihrem Territorium, da sie dem Wirtschaftswachstum Impulse verleihen und zusätzliche Beschäftigungsmöglichkeiten schaffen. Darüber hinaus leisten sie einen Beitrag zur Überwindung der Vorstellung, daß man Ausländer nicht verstehen kann, weil sie ganz anders sind. Überhaupt hat sich durch den Zusammenbruch der Kolonialmächte ein internationaler Standpunkt durchgesetzt. Als nach den beiden Weltkriegen die europäischen Kolonialmächte erheblich geschwächt waren, ertönte allenthalben der Ruf nach Selbstbestimmung und führte zur Bildung neuer unabhängiger Staaten, doch blieben diese ihren alten Kolonialherren meist durch politische, wirtschaftliche, kulturelle

Beziehungen verbunden – ein Zustand, der sie vor Entfremdung und Isolation bewahrt hat.

In der letzten Zeit haben andere Faktoren an Bedeutung gewonnen und zur Überwindung enger nationalistischer Schranken geführt. Beispiele hierfür sind das Interesse an der Erhaltung der natürlichen Ressourcen, der Handel mit Rohstoffen, die Bemühungen friedenssichernder Organisationen, der Informationsaustausch und die systematische Kooperation auf dem Gebiet der Forschung.

Leider sind jedoch durch das Schwinden des Nationalbewußtseins und durch den Machtverlust der allgegenwärtigen Staatsautorität noch lange nicht Liebe, Mitleid und gegenseitige Achtung auf Platz 1 in der Skala menschlicher Beziehungen gerückt. Die Menschheit bleibt Opfer der Machtgier – nur hat diese sich von den Nationalstaaten auf internationale Körperschaften verlagert. Und diese Diagnose bleibt gültig, solange der Mensch sich nicht zu seiner inneren Natur bekennt. Die Menschen wissen nicht, daß Reformen zunächst ein Werk der geistigen Erneuerung sein müssen, daher kämpfen sie gegen unterdrückerische politische Regime und finden sich bald darauf unter der Fuchtel eines neuen Systems wieder, das sie genauso unterdrückt wie das alte. Beispiele hierfür sind die Diktatur Napoleons nach der Französischen Revolution und Stalins Schreckensherrschaft nach der bolschewistischen Revolution. Der Trieb, andere Menschen dem eigenen Willen zu unterwerfen, läßt den Menschen zum grausamsten und gefühllosesten aller Tiere werden. Opfert er sich jedoch für das Glück anderer auf, dann umgibt der Mensch sich und seine Welt mit einem Hauch von Schönheit. Das müssen wir alle begreifen. Und sobald wir es begriffen haben, müssen wir mit all unserer Kraft danach streben, jedem Menschen auf Erden die innere – die menschliche – Revolution nahezubringen, durch die er sich von Grausamkeit und Unterdrückung ab- und den altruistischen Gefühlen Liebe und Mitleid zuwendet.

Mensch und Mitmensch

Dialog

Geistige Werte

Ikeda: Die Theorien, daß der Mensch von Natur aus entweder gut oder böse ist, haben die Entwicklung der Gesellschaft stark beeinflußt. Im allgemeinen war erstere die Triebkraft des Liberalismus und die zweite die autoritärer Regime. Die biblische Erzählung von Adam und Eva erläutert die jüdisch-christliche Vorstellung, wonach der Mensch sündig wurde, als er absichtlich Gottes Gebot mißachtete. Die buddhistische Vorstellung sieht anders aus. Wir glauben, daß das Leben potentiell gut und böse ist, und legen Wert auf die Entwicklung der Fähigkeit, beides zu unterscheiden und im Namen des Guten zu handeln. Was jeder einzelne dabei für gut oder böse hält, ist abhängig von seinen geistigen Werten.

Jeder, der einmal darüber nachgedacht hat, weiß, daß Sokrates recht hatte, als er sagte, es komme nicht nur darauf an zu leben, man müsse vielmehr sittlich gut leben. Eine geistige Haltung, die es einem erlaubt, sittlich gut zu leben, ist lebensnotwendig. Welche Haltung gegenüber dem Leben – sowie gegenüber Gut und Böse – ermöglicht es dem Menschen am ehesten, sittlich gut zu leben?

Peccei: Geistige Werte sind nicht nur je nach Kultur unterschiedlich, sie sind auch im Rahmen ein und derselben Kultur regional verschieden. So haben zum Beispiel im Laufe der Geschichte einige indische und japanische Buddhisten die Lehren Buddhas ziemlich verschieden ausgelegt. Ich verstehe, daß es solche Differenzen auch heute noch gibt, ähnlich wie dies bei den christlichen Bekenntnissen der Fall ist. Was ein sunnitischer Moslem aus Saudi-Arabien für moralisch besonders wertvoll hält, hat zwar etwas gemeinsam mit den Werten seines marokkanischen Glaubensbruders, braucht aber nicht identisch zu sein. Im Laufe der Jahrhunderte entwickelt sich der menschliche Geist, indem er sich wechselnden Situationen anpaßt. In den letzten Jahrzehnten haben sich die geistigen Werte stark verändert; dies gilt für den christlichen Klerus wie die Laien. So hat die noch stark traditionsgebundene katholische Kirche inzwischen Mühe, einen Teil ihrer Herde bei der Stange zu halten.

Ikeda: Ich stimme darin mit Ihnen überein, daß die Lehren Buddhas nicht nur im Laufe der Geschichte, sondern auch je nach Kultur unterschiedlich interpretiert wurden. Meiner Meinung nach sind jedoch die geistigen Werte, die sich um das Gute drehen, in allen Zeiten und Kulturen gleichgeblieben. Außerdem glaube ich, daß sich auf der Basis unseres gemeinsamen Verständnisses von dem Guten Mittel und Wege finden lassen, damit die Menschen sich untereinander verstehen und harmonisch miteinander leben.

Der Grundwert ist die wechselseitige Hilfe. Wir Buddhisten streben nach unserer Erleuchtung im Geiste des Mitleids; danach ist es gut, die anderen zu achten und zu ihrem Glück beizutragen, und es ist schlecht, andere den eigenen selbstsüchtigen Zwecken zu opfern.

Peccei: Ganz allgemein gesprochen sind die höheren Sphären des Denkens aufgeklärt oder sollten es zumindest sein; und das heißt für mich, daß sie in ständiger Verbindung mit allen Aspekten unserer Umwelt stehen. Das aufgeklärte Denken sollte vom Gefühl inniger Brüderlichkeit durchdrungen sein und alle Mitglieder der weitverzweigten Menschheit umfassen, gleichgültig, ob sie vor uns, mit uns oder nach uns leben. Dieses Gefühl des Einsseins mit allen Menschen überschreitet den engen Kreis der einzelnen Familie, Nation, Rasse, Glaubensgemeinschaft oder der sozialen Schicht. Zugleich sollte es getragen sein von einem Gefühl der innigen Gemeinschaft mit der Natur, insbesondere mit sämtlichen Lebewesen. Geistige Werte beruhen oft auf dem Gefühl unserer eigenen Vergänglichkeit und Geringfügigkeit angesichts der möglichen Existenz von höheren Wesen, die für den menschlichen Geist unfaßbar sind.

Unser aller – latente oder manifeste – Neigung zu geistigen Werten führt uns dazu oder sollte uns dazu führen, daß wir uns um eine kreative Einheit mit dem ganzen Universum, wie wir es erfahren oder uns vorstellen, bemühen. Wir mögen das Wesen des Universums Gott, Liebe oder Energie nennen oder auch nicht wissen, wie wir es nennen sollen. Das Wissen um seine Existenz verschafft uns in jedem Fall die Befriedigung, daß wir unseren bescheidenen Beitrag zu seinen Plänen bzw. seiner Kontinuität leisten.

Individuelles und universelles Leben

Ikeda: Der Buddhismus begreift das Leben als eine unendliche Einheit, die sich in immer neuen Formen äußert. Leben und Tod gelten nur als verschiedene Existenzweisen dieser größeren Einheit. Diese Vorstellung war in der Vergangenheit allgemein akzeptiert, doch wird sie heute von vielen Leuten abgelehnt, weil für sie ein Menschenleben einzigartig, in sich vollkommen und keinem größeren Lebenszusammenhang angehörig ist. Für welche Auffassung plädieren Sie?

Peccei: Nicht einmal ein so erleuchtetes menschliches Wesen wie Buddha könnte all die Fragen beantworten, die uns bewegen. Wahrscheinlich gibt es auf viele dieser Fragen gar keine Antwort, oder wir Menschen formulieren sie unzulänglich. Buddha hat eine faszinierende Vision vom Leben im Universum entworfen und sie uns als eine Wahrheit überliefert, die der Mensch glauben, aber mit seinen gegenwärtigen intellektuellen Fähigkeiten nicht beweisen kann. Die meisten Wissenschaftler erklären die Entstehung des Universums mit der Theorie vom Urknall, den es bei der Explosion einer Masse dichter Materie vor mehr als zehn Billionen Jahren gegeben haben soll; seitdem dehnt sich das Universum laufend aus, ein Prozeß, der offenbar immer noch andauert. Diese Theorie aber läßt sich ebensowenig beweisen wie die buddhistische Version vom Leben im Universum. Daher ziehe ich es bei Themen wie der universellen Natur des Lebens vor, mich zu meinem Nicht-Wissen zu bekennen, statt etwas zu behaupten, wovon ich nichts verstehe. Ich bin nicht gläubig in dem Sinne, daß ich an eine bestimmte Religion glaube, und teile daher weder die buddhistische Vorstellung, wonach mein Leben nach meinem Tod eine andere Form annimmt, noch die christliche Vorstellung von einer unsterblichen Seele, die in einem Leben nach dem Tode für ihre Taten im Diesseits bestraft oder belohnt wird.

Dennoch glaube ich, daß ich auf meine bescheidene Weise das buddhistische und christliche Prinzip zu verwirklichen trachte, daß man – ob gläubig oder nicht – im Leben Gutes tun soll, und ich versuche, es zu tun, ohne dabei an meine Wiedergeburt zu denken, auf eine Belohnung zu hoffen oder mich vor einer Bestrafung zu fürchten.

Obwohl ich daran glaube, daß das Leben auf Erden in dieser oder jener Form weitergehen wird, bin ich mir nicht sicher, ob man davon ausgehen kann, daß es den Menschen bis in alle Ewigkeit geben wird. Wenn ich Buddhist wäre, würde ich sagen, daß das Sündenregister der gegenwärtig lebenden Generationen so umfangreich ist, daß es nach ihrem Ableben ziemlich lang dauern dürfte, bis die Erde wieder von menschlichen Wesen bewohnt wird.* Einfacher gesagt, ich glaube an die Kontinuität des Lebens auf Erden; diese ist meines Erachtens aber nicht die Folge einer Wiedergeburt oder Seelenwanderung, sondern ergibt sich aus der Evolution und dem Zusammenspiel aller Arten. Da der Mensch nur eine Spezies unter Myriaden anderer ist – und wahrscheinlich nicht einmal eine der stärksten oder tüchtigsten –, ist er stärker bedroht, wenn sich die biophysikalischen Bedingungen auf unserem Planeten drastisch ändern. So kann es geschehen, daß er von der Erde verschwindet. Doch ist das Universum so groß, daß es sehr wahrscheinlich – ja fast schon sicher – ist, daß es auf einem unserer Erde ähnlichen Planeten irgendwo in den Weiten des

* Anm. d. Übers.: Die buddhistische Lehre vom *karma* (altindisch „Tat") besagt, daß jede gute und böse Tat ihre Vergeltung in einem weiteren Leben bedingt. Danach ist eine Wiedergeburt als Mensch ausgeschlossen, wenn das Sündenregister allzu lang ist. Vgl. hierzu auch die folgenden Passagen des Dialogs.

Weltraums andere, womöglich sogar menschenähnliche Lebewesen gibt. Ehrlich gesagt, glaube ich aber auch, daß das schon alles ist, was es über diesen Gegenstand zu sagen gibt.

Im folgenden möchte ich Sie bitten, mir einige Aspekte der buddhistischen Lehre vom *karma* zu erklären. Zum ersten: Zu der Zeit, als Buddha lebte, betrug die Weltbevölkerung nur ein paar Millionen Menschen; heutzutage nähert sie sich rasch der Fünf-Billionen-Grenze. Wenn diese paar Millionen Menschen seither mehrmals als Menschen wiedergeboren wurden, dürfte es heutzutage nicht mehr Menschen geben, da das frühere Leben die Form bestimmt, in der man wiedergeboren wird. Was ist dann aber mit den vielen Millionen anderer Menschen los, die heute leben und offenbar keine menschlichen Vorgänger hatten? Wenn sie früher schon gelebt haben, müssen wir logischerweise davon ausgehen, daß es auch in anderen Teilen des Universums Menschen gibt oder daß andere Formen von Leben den Aufstieg zur Wiedergeburt als Mensch geschafft haben. Stimmt diese meine Deutung?

Um die Frage des *karma* noch weiter zu vertiefen, wüßte ich gern, ob all jene Menschen, die heutzutage reich und mächtig sind, in ihrem früheren Leben so gut waren, daß sie ihre jetzige privilegierte Stellung verdienen. Läßt sich das Glück eines Hitler oder Stalin, die beide – zu Unrecht – alle Güter dieser Erde und das Privileg der Macht genossen haben, mit den besonders guten Taten in ihrem jeweiligen Vorleben erklären? Wie kommt es, daß die Mehrzahl der US-Bürger ein Jahrzehnt ums andere einen hohen Lebensstandard, eine gute Erziehung und eine ausgezeichnete medizinische Versorgung genießt, während die meisten Leute in Somalia arm und hungrig sind? Kann es sein, daß die Individuen, die besonders gut waren, in dem einen Land versammelt werden, und diejenigen, die verhältnismäßig schlecht waren, in einem anderen?

Zum zweiten Punkt: Das *karma,* das wir aus unserem Vorleben mitbringen, bestimmt die gegenwärtige Stellung jedes einzelnen, zugleich können wir aber unser *karma* verbessern und bekommen unsere guten Taten ins Stammbuch geschrieben, so daß wir in unseren nächsten Leben davon profitieren können. Von daher wüßte ich gern, welcher Umkreis von Bedingungen durch unser *karma* vorherbestimmt ist und in welchem Rahmen wir die Möglichkeit haben, unser *karma* zu verbessern. Die Vorstellung, daß man sein *karma* verbessern kann, erinnert mich nämlich an das, was man gemäß christlicher Tradition den freien Willen nennt. Zwar kann ich damit auch nicht besonders viel anfangen, denn ich frage mich, ob Gottes Allmacht uns nicht dazu führen könnte – oder sollte? –, daß wir nur Gutes tun. Aber das ist ein anderes Thema. Ich bitte Sie darum, mir die buddhistische Vorstellung des *karma* näher zu erläutern.

Ikeda: Ihre Fragen treffen den Kern der Sache. Der Buddhismus lehrt, daß das Leben verschiedene Formen annehmen kann und daß das *karma* die Form bestimmt. Wenn man als Mensch wiedergeboren wird, dann ist dies das Ergebnis eines guten *karma.* Umgekehrt wird ein Mensch, der den Wert des Menschseins nicht zu schätzen weiß und in seinem Menschenleben nicht sittlich gut lebt, nicht als Mensch wiedergeboren. Zudem beschränkt sich die Welt Buddhas nicht auf den Planeten Erde, sondern umfaßt alle zehn Richtungen des Universums – Nord, Süd, Ost, West; Nordost, Südost, Südwest, Nordwest; Zenith und Nadir –, und dort kann es viele Welten geben, die von Lebewesen bewohnt werden, die geistig mindestens ebenso weit fortgeschritten sind wie der Mensch. Aus diesem Grund widerspricht die Tatsache, daß die heutige Weltbevölkerung sehr viel größer ist als die vor tausend Jahren, keineswegs der ewigen Natur des Lebens im allgemeinen.

Was Ihre Frage anbelangt, ob die Reichen und Mächtigen von heute ihr Glück durch gute Taten in der Vergangenheit verdient haben, so muß ich daran erinnern, daß Reichtum und Macht nicht unbedingt Glück bedeuten. Ein buddhistischer Lehrsatz besagt, daß körperliches Wohlbefinden besser ist als ein reiches Warenlager und daß das seelische Wohlbefinden wichtiger ist als das körperliche. Ein Mensch kann glücklich sein, weil er Geld hat, und dennoch unglücklich sein, weil er seelisch oder körperlich leidet. Sein *karma* von früher ist in diesem Falle wahrscheinlich nicht sehr gut. Dagegen hat derjenige ein gutes *karma,* der trotz seiner Armut gesund ist, dem andere vertrauen und der in seinem mit Reichtümern nicht gerade gesegneten Leben glücklich ist.

Die gegenwärtige Stellung eines Menschen ist nicht vollkommen bestimmt durch das unendlich vielfältige Netzwerk von *karmas* aus seinen früheren Leben. Denn auch die Bemühungen, die er seit seiner Geburt in seinem jetzigen Leben unternommen hat, spielen eine wichtige Rolle. Der Mensch ist nämlich freier als alle anderen Lebewesen. Im Leben jedes einzelnen spielen verschiedene Elemente des *karma* eine Rolle, dabei sind manche bestimmend, während andere nur wahrscheinlich wirken. Der Mensch ist frei; er kann auf die sein Leben prägenden Elemente des *karma* so reagieren, daß er entweder ein gutes oder ein schlechtes *karma* für die Zukunft schafft. Nehmen Sie zum Beispiel Ihr eigenes Leben. Ihr *karma* hat Sie dazu bestimmt, zu einer Zeit geboren zu werden, in der die Faschisten über Italien hereingestürzt sind. Es war jedoch Ihre eigene Entscheidung, wie Sie darauf reagiert haben. Statt mit den Faschisten zu paktieren und sich dadurch ein schlechtes *karma* für die Zukunft einzuhandeln, haben Sie sie bekämpft, um die Menschenwürde zu verteidigen. Damit haben Sie sich ein herrliches *karma* für die Zukunft geschaffen. Hitler hat dagegen den Fehler begangen, daß er auf die ihm vorherbestimmten Bedingungen auf eine Weise reagiert hat, die ihm ein ganz schlimmes *karma* beschert. Die menschliche Revolution ist ein Weg, den Menschen zu helfen, ihre Lebensweise zu ändern, damit sie auf ihre Lebensumstände so reagieren, daß sie sich ein gutes *karma* schaffen.

Die Anwendung der Freiheit

Ikeda: Wie bereits gesagt, ist das buddhistische Gesetz von Ursache und Wirkung keineswegs unvereinbar mit dem freien Willen. Obwohl jeder Mensch aus seinen früheren Leben ein *karma* erbt, kann er diese Welt aus freien Stücken zum Besseren oder zum Schlechteren verändern. Aus buddhistischer Sicht ist der Mensch also von Natur aus frei.

Die Freiheit des Menschen muß unbedingt geachtet werden. Jedermann sollte so frei sein, daß er aus seinem ererbten Schicksal etwas machen kann; vor lauter Machtgier treten jedoch einige Menschen die Freiheit ihrer Mitmenschen mit Füßen. Wir Buddhisten glauben, daß ihnen dies früher oder später vergolten wird, gleichgültig, welche Vorteile sie durch derartige Handlungen in ihrem jetzigen Leben erringen. Aber selbst abgesehen von einer späteren Vergeltung verdienen die Würde und Freiheit eines jeden Menschen unsere höchste Achtung. Was sollen wir Ihres Erachtens konkret tun, um unsere Achtung vor dem Menschen zu zeigen?

Peccei: Es ist sehr wichtig, daß man die Freiheit anderer Menschen, so zu leben, wie sie wollen, respektiert. Schon zu Buddhas Zeiten, als die Menschen in kleinen, ziemlich weit auseinanderliegenden Gemeinden lebten, war dies lebensnotwendig und ist es heute um so mehr, als viele Menschen in großen Städten zusammengepfercht leben, von denen manch eine – wie zum Beispiel Kalkutta – mehr Einwohner hat als ganz Indien zu Buddhas Zeiten.

Der rein passive Akt, die Freiheit des anderen zu respektieren, genügt aber nicht. Denn überall leben noch Menschen, die zwar prinzipiell ihre Lebensweise frei wählen können, aber durch soziopolitische und ökonomische Bedingungen an der wahren Ausübung ihrer Freiheit gehindert werden – und dieses „Überall" liegt nicht irgendwo weit weg, sondern in Ihrer, meiner und unserer Leser Umgebung. Wir müssen daher nicht nur die Freiheit anderer respektieren, sondern uns auch darum bemühen, alle Menschen in die Lage zu versetzen, ihre Freiheit so zu gebrauchen, daß sie ihren jeweiligen Beitrag leisten zu dem umfassenden, gemeinsamen Werk der Befreiung der Welt von Analphabetismus, Armut, Krankheit und anderen sozialen Übeln. Außerdem müssen wir gemeinsam die Schranken beseitigen, die die Politik der Freiheit setzt, denn heute fällt es einer zentralisierten Macht viel leichter, ihre Bürger zu beschränken, als jemals zuvor in der Geschichte der Menschheit.

Ikeda: Ihre Vorschläge betreffen die Veränderung der Gesellschaft, und ich bin mit Ihnen einer Meinung, daß dies äußerst wichtig ist. So wohlmeinend derartige Programme auch sein mögen, sie können aber zum Schlechten statt zum Guten führen, wenn sie sich vorwiegend an der Freiheit des einzelnen orientieren. So waren zum Beispiel Revolutionen, die mit den besten Absichten angezettelt wurden, in der Folgezeit oft die Wegbereiter rigider totalitärer Herrschaft.

Demokratie – ja, nein oder vielleicht

Ikeda: Obwohl die Praktizierung von Demokratie nur mit einigem Aufwand möglich ist, bin ich der Meinung, daß wir diese Regierungsform unbedingt beibehalten müssen. Fast immer hat es zu tragischen Resultaten geführt, wenn wir sie in Krisenzeiten aufgegeben haben. Es mag zwar eine Menge Zeit kosten, bis ein Konsens erzielt ist und danach gehandelt werden kann, doch ist beides sehr wichtig und langfristig auch effizient. In Krisenzeiten wird eine autokratische Herrschaft damit entschuldigt, daß sie schnelles Handeln erlaubt, doch bezweifle ich, daß diese Effizienz lang anhalten oder auf Dauer fruchtbare Lösungen bringen kann. Plädieren Sie dafür, daß demokratische Prinzipien strikt eingehalten werden?

Peccei: Ich bin in der Tat dafür. Doch sollten wir unsere Augen nicht vor der Tatsache verschließen, daß in unserer heterogenen Welt *verschiedene Leute das Wesen der Demokratie ziemlich verschieden interpretieren.* So ist zum Beispiel die Demokratie, wie wir sie in Europa, Amerika und Japan kennen, ziemlich verschieden von den Volksdemokratien in der Sowjetunion und den anderen kommunistischen Ländern. Und in manchen Teilen der Dritten Welt gibt es noch ganz andere Herrschaftsformen, die sich Demokratie nennen. Aber selbst in den westlichen Nationen – und zwar einschließlich Englands, des Mutterlandes der Demokratie – kann die demokratische Regierungsform, wenngleich sie die beste ist, die wir bislang haben, oft nur schwer ihren Prinzipien treu bleiben.

Die Demokratie, wie wir sie heute kennen, ist zu einer Zeit entstanden, als die Probleme noch relativ einfach waren und daher – direkt oder indirekt – der Entscheidung des Volkes überlassen werden konnten. Heutzutage sind die Probleme, die die Gesellschaften zu lösen haben, so schwierig und komplex, daß selbst professionelle Entscheidungsträger keine klaren Antworten auf die meisten Fragen finden. Kein Wunder also, daß die öffentliche Meinung ein verworrenes Bild abgibt und daß die Wähler bei der Wahl entweder nicht wissen, wen oder was sie wählen sollen, oder das wählen, was ihnen die Parteiapparate oder Interessengruppen einflüstern.

Außerdem wird der demokratische Prozeß, der mehr als den eben genannten einen Mangel aufweist, selbst in Ländern, die sich zu ihm bekennen, ohne Skrupel umgangen. Nehmen wir das Beispiel der Kernenergie. Die Bürger kennen sich kaum aus mit den technischen, ökonomischen und soziopolitischen Problemen, die sich aus der Kernspaltung und -fusion ergeben, wissen nur wenig über die tödlichen Gefahren, die vom Plutonium ausgehen sowie darüber, welche alternativen Energiequellen wirklich zur Verfügung stehen und wie hoch ihre Kosten sind. Diese schlecht informierten Bürger werden nun hier und da dazu aufgerufen, in einem Referendum über die Errichtung von Atomkraftwerken abzustimmen. Kein Wunder, daß sie erst mit Ja stimmen und in zwei oder drei Jahren zur selben Frage mit Nein. Pläne für Atomkraftwerke kann man aber nicht einmal befürworten und im nächsten Jahr fallen lassen.

Alle Entscheidungen, die wir heute treffen, haben unweigerlich schwere Konsequenzen für die Zukunft. Wenn wir uns heute für Atomkraft entscheiden, dann verdankt sich dies oft kurzfristigen Interessen oder falschen Erwartungen von Bürgern, die nur ganz vage Bescheid wissen, die es versäumen, sich vollständig zu informieren. Und das, obwohl wir künftigen Generationen nur schwer kalkulierbare Kosten und Risiken aufbürden, gleichgültig, ob wir Atomkraftwerke bauen oder ob wir die Atomprogramme stoppen, ohne ausreichend für die Entwicklung alternativer Energiequellen gesorgt zu haben. Wie kann man diesem Dilemma im Geiste der Demokratie begegnen?

Die Lage wurde und wird dadurch noch schlimmer, daß gewisse gut organisierte Interessengruppen Unsicherheit verbreiten und Emotionen schüren. Unter diesen Umständen haben sich Regierungen, die Atomenergieprogramme durchführen wollen, dafür entschieden, einfach kurzen Prozeß zu machen und ihr Vorhaben ganz undemokratisch ohne echte Volksbefragung durchzuziehen. Ein Beispiel dafür ist das zweifelsohne demokratisch regierte Frankreich. Angesichts der verworrenen Lage hat der frühere Präsident Giscard d'Estaing behauptet, daß das – seines Erachtens unbedingt notwendige – Vorhaben, eine große Anzahl der als sehr gefährlich geltenden Schnellen Brüter zu bauen, sicher gestoppt worden wäre, wenn er es dem Parlament oder dem Volk in einem Referendum zur Abstimmung vorgelegt hätte. Seine Regierung hat daher die alleinige Verantwortung für das größte Atomprogramm des ganzen Westens übernommen.

Ein Beispiel aus einem anderen Gebiet ist der Krieg. Seit dem Zweiten Weltkrieg sind an die hundertfünfzig Kriege geführt worden, und nur selten erfolgte die Kriegserklärung aufgrund einer demokratischen Entscheidung des ganzen Volkes. Gegenwärtig bereiten beide Supermächte einen Atomkrieg vor – und beide berufen sich darauf, daß sie sich verteidigen und den Gegner abschrecken müssen. Ihre internen Kriegsvorbereitungen und ihre Militärstrategie halten sie jedoch geheim und machen damit eine Volksbefragung praktisch unmöglich. Wenn der sogenannte Feind mit Atomraketen angreift, dann bleiben wahrscheinlich bloß fünf bis sechs Minuten, um Vergeltungsmaßnahmen zu treffen; und die Entscheidung wird von einer kleinen Zahl Beamter – oder von einem Computer – getroffen, keineswegs aber vom obersten Souverän, dem Volk, und wahrscheinlich auch nicht von seinen gewählten Vertretern.

Unter welchen Bedingungen und nach welchen Prinzipien die moderne Gesellschaft demokratisch regiert werden kann, muß gründlich neu überdacht und formuliert werden. Natürlich muß das Volk im wesentlichen über die wichtigen Angelegenheiten entscheiden, die sein Leben und seine Zukunft betreffen. Die Meinung der Bürger soll Politik und Strategie bestimmen, die dann von der Regierung übernommen und in die Tat umgesetzt werden. Zu diesem Zwecke muß aber nicht nur das Volk selbst, sondern auch die politische Führung besser vorbereitet und erzogen werden, außerdem müssen die demokratischen Prozeduren wesentlich verbessert werden. Für diese Entwicklung bedarf es politischen Scharfsinns, guten Willens und viel Zeit, doch alleine reicht auch das nicht aus. Unsere Institutionen stammen nämlich aus früheren Zeiten und sind für diese gemacht, sie müssen daher sowohl auf nationaler als auch auf internationaler Ebene reformiert werden. Noch wichtiger ist es, daß wir unsere Denk- und Verhaltensweisen den gegenwärtigen Erfordernissen anpassen, damit wir in der Lage sind, den vielfältigen Herausforderungen zu begegnen, die wir – individuell und kollektiv, jeder in seinem Land und grenzüberschreitend – auf der ganzen weiten Welt bewältigen müssen.

Kurzum, obwohl ich die Prinzipien der Demokratie voll und ganz befürworte, kann meine Antwort auf Ihre Frage kein einfaches Ja sein, denn es bedarf einiger zusätzlicher Klarstellungen. Die Frage, welche Art von Demokratie für einzelne Länder und weltweit wünschenswert und in den nächsten Jahren und Jahrzehnten realisierbar ist, verbietet nämlich eine einfache Antwort. Wie im Falle anderer wichtiger Themen, mit denen wir am jetzigen Wendepunkt in der Geschichte der Menschheit konfrontiert sind, müssen wir auch hier einen breiter gesteckten Kontext von Problemen sowie alternative Lösungen in Betracht ziehen, bevor wir uns endgültig für eine bestimmte Haltung entscheiden.

Ikeda: Ich stimme Ihnen zu, daß die Frage zu schwierig ist, um sie mit einem eindeutigen Ja oder Nein beantworten zu können. Wie Sie sagen, werden heutzutage viele Probleme, über die man ohne Spezialwissen nicht korrekt entscheiden kann, politischen Organisationen anvertraut. Nichtsdestotrotz bekomme ich Angst bei der Vorstellung, was geschehen könnte, wenn demokratische Prozesse wegen der Vielzahl solcher Probleme einfach unbeachtet bleiben und autokratisch über das Schicksal der Menschheit entschieden würde. Es ist durchaus denkbar, daß eine Nation militarisiert und in den Krieg geschickt wird, ohne daß ihre Bürger dafür eine Erklärung erhalten oder daß die repräsentative Versammlung der Volksvertreter konsultiert würde. Ich bin aber fest davon überzeugt, daß Regierungen notwendig sind, um der Mehrheit der Menschen die das Schicksal der Menschheit betreffenden Probleme bewußt zu machen, und daß alle Urteile und Entscheidungen in solchen Fragen auf demokratische Weise gefällt werden müssen.

Peccei: Sie haben ganz recht. Dennoch bleibt die Frage offen, auf welchen Grundlagen und wie dies in den nächsten Jahren geschehen soll.

Der Friede als innere Haltung

Ikeda: Viele der Krisen, mit denen die Welt sich heute konfrontiert sieht, bedrohen den Menschen existentiell, aber nichts ist so grausam und entsetzlich wie der Krieg. Man kann den Tod auf dem Schlachtfeld gemäß buddhistischer Philosophie als vom *karma* bestimmt betrachten. Wie ich bereits gesagt habe, kann jedoch der Wille der lebenden Person das *karma* ändern. Nicht alles ist durch Ursachen, die in der Vergangenheit liegen, vorherbestimmt. Wenn man sich jetzt für den Kampf und fürs Töten entscheidet, dann ergibt dies ein schreckliches *karma* für die Zukunft.

Das Schlimmste am modernen Krieg ist ja, daß auch an den Kampfhandlungen gänzlich Unbeteiligte in großem Ausmaß betroffen sind – so wurden bei den Atomabwürfen gegen Ende des Zweiten Weltkriegs Millionen von Zivilisten getötet und verwundet.

Wenn Soldaten sich gegenseitig abschlachten, dann ist dies grausam und bewirkt ein schlimmes *karma.* Die Auswirkungen auf das zukünftige Leben sind aber bei weitem gravierender, wenn man schutzlose Zivilisten umbringt. In der Vergangenheit haben sich die Ritter und Samurai mit Rüstungen geschützt. Der Soldat von heute trägt zwar keine Rüstung, doch verfügt er über Waffen, mit denen er sich schützen kann und in deren Gebrauch er ausgebildet ist. Den gewöhnlichen Menschen fehlt es dagegen an beidem, und daher sind sie am schutzlosesten. All meine Diskussionen mit der amerikanischen, russischen und chinesischen Führung basieren auf der Hoffnung, daß sich die Katastrophe eines neuen Weltkrieges vermeiden läßt, denn Krieg führen ist die kostspieligste und destruktivste aller menschlichen Aktivitäten. Die verläßlichste Basis für den Weltfrieden kann man dadurch schaffen, daß man dem wechselseitigen Vertrauen und Verständnis zwischen den Völkern neue Kraft gibt. Um dieses Ziel zu erreichen, muß man bei den Vereinten Nationen beginnen. Glauben Sie, daß eine Weltregierung uns einen dauerhaften Frieden bescheren könnte?

Peccei: Ich glaube nicht, daß die Vereinten Nationen in ihrer momentanen Gestalt der Eckpfeiler einer weltpolitischen Organisation sein können, die eine angemessene Antwort auf die Erfordernisse unserer Zeit findet. Ich glaube auch nicht, daß sie die ideale Vertretung wären für eine Weltbevölkerung, die aus mehreren Milliarden Menschen mit dem unterschiedlichsten Lebensstandard besteht, nationalistisch denkt und alles auf Kosten der anderen geregelt haben möchte. Da wir aber kein anderes internationales Forum von ähnlich großer Bedeutung haben, müssen wir die Vereinten Nationen beibehalten, und wir müssen sie stärken, gleichgültig, wie ineffektiv ihre Arbeit im allgemeinen und ihre friedensstiftenden Bemühungen im besonderen auch sein mögen. Es ist doch so, daß die Vereinten Nationen de facto zum Sammelplatz für alle möglichen nationalen Rivalitäten und internationalen Spannungen sowie für alle Schwächen und Unzulänglichkeiten des politischen Lebens geworden sind und somit nur sehr wenig tun können, um die Welt wieder in Ordnung zu bringen bzw. um maßgeblich und schlichtend in Auseinandersetzungen einzugreifen, die den Frieden gefährden können. Seit über dreißig Jahren haben sich die Vereinten Nationen, wenn es wirklich darauf ankam, als ineffektives Instrument erwiesen. Wir brauchen uns nur anzusehen, was in der letzten Zeit los war: die UNO hat so gut wie nichts getan, um die Kriege zwischen Israelis und Arabern zu verhindern, um die Kämpfe in und um Südafrika, den Krieg zwischen dem Iran und dem Irak oder die Auseinandersetzungen um die Falklandinseln zu beenden oder um den Holocaust im Libanon zu unterbinden. Außerdem hat sich die Zweite Sondersitzung der Vereinten Nationen zu Fragen der Abrüstung im Mai 1982 als ein bedauernswerter, dramatischer Fehlschlag erwiesen.

All dies deutet sehr darauf hin, daß die Organisation der Vereinten Nationen zwar ein leidlich brauchbares Instrument der Diplomatie und ein Forum für Debatten auf Regierungsebene sind, daß sie aber nicht die Macht haben, um in der überaus wichtigen Frage von Krieg und Frieden praktisch wirksam zu werden. Daher müssen sowohl die UNO als auch die gesamte Weltpolitik tiefgreifend verändert werden, wenn sie den Frieden herstellen bzw. bewahren sollen.

Sie haben auch danach gefragt, ob die Bildung einer Weltregierung ein richtiger Schritt auf dem Weg zum Frieden wäre. Ich glaube, daß dem nicht so ist. Im Augenblick erscheint eine solche Möglichkeit jedenfalls als ziemlich undenkbar, außerdem würde ich eine Weltregierung aus verschiedenen Gründen ablehnen, und zwar nicht zuletzt deswegen, weil es ungeheuer schwierig wäre, sie auf demokratische Weise zustandezubringen und funktionsfähig zu erhalten. Wir sollten uns hüten, koste es, was es wolle, der Schimäre einer Weltregierung nachzujagen. In diesem Falle sollten wir uns – wie in so vielen anderen auch – einen Hinweis aus dem Reich der Natur zu Herzen nehmen. Dort kontrolliert kein zentrales Organ oder System die Funktionsweise eines Körpers, die Entwicklung eines Waldes oder eines Ozeans oder führt Aufsicht über die Beziehungen zwischen den verschiedenen Teilen der natürlichen Umwelt in einem Tal. In all diesen biologischen Organismen und biophysikalischen Komplexen existiert eine Vielzahl ineinandergreifender großer und kleiner Systeme, und alle halten sich durch den wechselseitigen Ausgleich in einem dynamischen Gleichgewicht. Das ist die Art und Weise, in der das Leben komplexe Vorgänge regelt. Und da auch die menschliche Gesellschaft ein sich selbst organisierendes, lebendiges System ist, sollte sie sich an der Entwicklung natürlicher Systeme ein Vorbild nehmen. Wir sollten uns nicht von der Illusion, es gäbe einen einfachen und direkten Weg zum Frieden, dazu verleiten lassen, das Vorhaben einer Weltregierung weiter zu verfolgen.

Ikeda: Da haben Sie recht. Als der verstorbene Arnold J. Toynbee und ich dieses Thema diskutierten, sagte ich, ich sähe zwar ein, daß eine Weltregierung in Zukunft notwendig sein wird, würde aber meinen, sie solle föderativ und nicht totalitär organisiert sein. Herr Toynbee berief sich dagegen auf die chinesische Geschichte und sagte, ein mächtiger Staat stelle erst einmal Einheit her und führe dann in einem zweiten Schritt die Gewaltenteilung ein. Er sei zwar kein Befürworter dieser Art von Entwicklung, halte aber, solange sich die Natur des Menschen nicht ändere, diese Abfolge wahrscheinlich für unvermeidlich.*

Ich habe mich damals Herrn Toynbees Auffassung angeschlossen, doch habe ich meine Meinung inzwischen geändert. Heute glaube ich nämlich, daß die für die Schaffung eines starken Staates erforderlichen Opfer unerträglich groß wären. Um Mißverständnissen vorzubeugen, möchte ich gleich hinzufügen, daß sich der Mensch unbedingt ändern muß; und ich glaube, eine föderative Weltregierung könnte zur Grundlage dieses notwendigen Wandels werden.

Sie scheinen da pessimistischer zu sein als ich. Wenn ich Sie recht verstehe, lehnen Sie es aber nicht rundweg ab, daß eine Weltregierung wichtig sein könnte, sondern glauben, daß sie ein Ort sein müßte, in dem man Übereinstimmung erzielt, wenn das menschliche Bewußtsein ein höheres Niveau erreichen sollte.

* Der Toynbee-Ideka-Dialog ist auf deutsch unter dem Titel *Wähle das Leben* (Düsseldorf 1982) erschienen.

Da auch eine ganze Reihe anderer Probleme, wie zum Beispiel die natürlichen Ressourcen, die Energieversorgung, die Umweltverschmutzung, die Nahrungsmittelversorgung, Epidemien und der weltweite Informationsfluß, eine weltweite Kooperation erfordern, glaube ich, eine Weltregierung hätte die Aufgabe, diese Probleme anzupacken. Ihre wichtigste Aufgabe wäre dabei die Erhaltung des Friedens.

Peccei: Die Frage des Friedens ist so grundlegend für das Überleben der Spezies Mensch, daß ich in diesem Zusammenhang noch einige andere Punkte erwähnen möchte. Zum ersten *müssen wir klar und deutlich zwischen den Begriffen Sicherheit, Abrüstung und Frieden unterscheiden.* Dabei ist Sicherheit natürlich zunächst ein Anspruch, der für jede Person, Gemeinschaft und Gesellschaft legitim ist. Das erklärt aber noch lange nicht, warum sich in unseren Köpfen der groteske Glaube hält, man könne Sicherheit ausgerechnet damit erkaufen, daß man sich immer mehr und immer wirkungsvollere Massenvernichtungswaffen anschafft. Dennoch hat die öffentliche Meinung in den Industrienationen des Ostens und Westens in den letzten Jahren eine Definition von Sicherheit akzeptiert, derzufolge sich dieser Zustand durch die Aufstellung möglichst schlagkräftiger Waffen herstellen läßt. Daran waren die Regierungen nicht ganz unschuldig, denn sie haben in Vergangenheit und Gegenwart alles mögliche unternommen, um ihre Bürger davon zu überzeugen, daß dies der richtige Weg ist und daß die hierzu erforderlichen Opfer unvermeidlich sind.

Glücklicherweise dämmert es nun wenigstens ein paar Leuten, daß der Rüstungswahn und seine perverse, kafkaeske Logik nur die Symptome der allgemeinen chaotischen und mißlichen Lage sind, in der sich die modernen Gesellschaften befinden, und daß der Imperativ unserer Zeit lautet, sie wieder in Ordnung zu bringen bzw. gesund zu pflegen. Eine echte Wende wird es aber erst dann geben, wenn eine genügend große Zahl von Bürgern aufsteht und erklärt, daß sich Sicherheit nie und nimmer einstellen kann, indem man die höllische Kriegsmaschinerie ausbaut, und daß wir unser aller Untergang gerade mit den Mitteln heraufbeschwören, die wir uns vermeintlich zum Schutze vor „dem Feind“ anschaffen. Wenn wir diesen schicksalsschweren Fehler erkennen, dann lernen wir zugleich, wie albern es ist, Abrüstung mit Frieden gleichzusetzen oder zu glauben, daß Abrüstungsverhandlungen, die in exklusiven Zirkeln von Militärs und Diplomaten unter dem Siegel der Verschwiegenheit geführt werden, das Ergebnis zeitigen könnten, daß die Kriegsmaschinerie hier und heute Stück für Stück abgebaut wird. Solange wir dies aber nicht durchschauen, bleibt die Täuschung perfekt. Seit dem Ende des Zweiten Weltkriegs hat es fast laufend Bemühungen gegeben, Konflikte von vornherein zu verhindern oder sie im nachhinein zu lösen: sie sollten zu ein bißchen Rüstungskontrolle und -beschränkung, zu atomwaffenfreien Zonen führen, die Inspektion der Aufmarschpläne des Gegners ermöglichen und ganz allgemein die Abrüstung voranbringen. Während all dieser Verhandlungen ist die zerstörerische Kapazität der Atomwaffenpotentiale jedoch millionenfach gestiegen.

Obwohl die Bemühungen um Abrüstung mit unverminderter Kraft weitergehen sollten, müssen wir doch der harten Tatsache ins Auge blicken, daß sie sich bislang als riesengroßer Fehlschlag erwiesen haben. Und was noch schlimmer ist: zu dem Zeitpunkt, wo ich dies schreibe, wird sorgfältig verhandelt, gleichzeitig jedoch entwickeln Militärs neue furchtbare Laserkanonen, Neutronenbomben, chemische, biologische und meteorologische Waffen, die hauptsächlich für einen Krieg im Weltraum bzw. einen Krieg der Sterne gedacht sind – eine Art von Krieg, die endgültig der Gipfel unserer bodenlosen und wahnwitzigen Kriegführung wäre. Alle Wissenschaften und technischen Disziplinen werden aufgeboten, um sich darauf vorzubereiten; kolossale Mittel werden mobilisiert, und es werden Vorbereitungen getroffen für eine nie dagewesene Propagandakampagne, die in einem Moment all die Fortschritte zunichte machen kann, die am Verhandlungstisch auf dem Papier erzielt wurden.

Wir sollten uns jedenfalls darüber im klaren sein, daß selbst ein Abrüstungsabkommen, das auf dem Prinzip *guten Glau-*

bens beruht, lediglich der erste Schritt in die richtige Richtung wäre. Abrüstung kann ein Schlüssel zum Frieden sein, ein Meilenstein auf dem Weg zum Frieden, aber Abrüstung ist keineswegs identisch mit Frieden. Denn *Frieden ist ein unantastbarer Wert, ein geistig-seelischer Zustand, eine kulturelle Errungenschaft,* die bei jedem einzelnen deutlich ausgeprägt und von allen Menschen als eine vitale Notwendigkeit anerkannt sein muß, damit sie zum gemeinsamen Erbe der ganzen Gesellschaft werden kann. So wird es den Frieden erst dann geben, wenn alle Bürger, oder zumindest eine große Mehrheit, ihn für so wertvoll halten, daß sie sich dafür engagieren. Während der Krieg nämlich Auswuchs von Arroganz, Egoismus, Furcht und gegenseitigem Mißtrauen ist und fast immer nur von den Inhabern der Macht angezettelt wird, ist der Friede das natürliche Ergebnis von wechselseitigem Verständnis, von Toleranz, Achtung und Solidarität. Was die Abrüstung anbelangt, so ist sie in der Vorhölle zwischen Krieg und Frieden angesiedelt; die Entscheidungen in dieser Sphäre werden nur von wenigen Menschen gefällt. Wir müssen lernen, daß Abrüstung nicht genügt, so nötig sie auch sein mag; daß jede Spannungsminderung, jede Verbesserung des politischen Klimas und der wirtschaftlichen Lage unsichere Errungenschaften sind, da sie durch einen Stimmungsumschwung bei den Kriegsherren nur allzuleicht wieder rückgängig gemacht werden können; und daß es den wahren Frieden auf Erden nicht geben wird, sofern und solange der kriegslüsterne militärisch-industrielle Komplex mit seinen Auftraggebern aus der Politik und seinen wissenschaftlichen Handlangern noch besteht und solange nicht die menschliche Gesellschaft als Ganze wirklich friedliebend und friedlich geworden ist.

Sie sind das Oberhaupt einer bedeutenden friedensorientierten buddhistischen Sekte. Was halten Sie von den bislang vergeblichen Bemühungen um Abrüstung? Wie kann man die Sache des Friedens unterstützen? Gibt es eine eindrucksvolle Aktion, mit der Männer und Frauen in verschiedenen Teilen der Welt dafür sorgen können, daß die Vernunft des Friedens über die Unvernunft des Krieges siegt?

Ikeda: Ich kann Ihre Frage dahingehend beantworten, daß ich Ihnen darlege, was wir als Buddhisten für die allgemeineren Ursachen sinnloser Taten und der menschlichen Unvernunft halten. Der Buddhismus lehrt, daß die drei ,,Sünden" des Geistes, die Drei Gifte Begierde, Haß und Verblendung, die Hauptursachen der Drei Unglücke Krieg, Pest und Hungersnot sind. Um die Drei Unglücke aus der Welt zu schaffen, müssen ihre Ursachen beseitigt werden; und der Buddhismus zeigt einen Weg zu diesem Ziel. Auf diesem Weg kommen all die Weisheit und das Mitleid zum Vorschein, mit dem des Menschen Geist begabt ist, und dadurch führt er zum Sieg über Begierde, Haß und Verblendung und damit zum Frieden als einem, wie Sie sagen, seelisch-geistigen Zustand bzw. einer kulturellen Errungenschaft.

Solange die Drei Gifte ungehindert und unkontrolliert wirken können, herrscht ein Zustand der Unkultur. Wenn man sie mit Weisheit und Mitleid unter Kontrolle bringt, also zum Beispiel ein Feld bebaut, ein wildes Pferd zähmt, das potentiell gefährliche Feuer positiv nutzt oder giftige Substanzen zur Heilung verwendet, dann herrscht ein Zustand der Kultur. In der Vergangenheit haben sich die Menschen vor allem darum bemüht, die Kräfte und Stoffe der Außenwelt zu bändigen, und darüber den Gewalten in ihrem Inneren freien Lauf gelassen. Zwar waren Moral und Ethik Versuche in die richtige Richtung, doch waren sie bislang nicht in der Lage, bis zu den starken Kräften tief in der menschlichen Seele vorzudringen. Die Abrüstungsbemühungen sind also deshalb fehlgeschlagen, weil sie sich mit oberflächlichen Dingen abgegeben und sich nicht der Erfordernis einer grundlegenden inneren Revolution aller Menschen gestellt haben. Eine solche Revolution auf Basis der Lehren des Buddhismus zu unterstützen, halte ich für die bedeutendste Aktion, die Menschen für den Frieden unternehmen können.

Die Nationalstaaten sind veraltet

Ikeda: Das System der Nationalstaaten hat früher einmal dazu gedient, die Spannungen zwischen noch kleineren Einheiten der menschlichen Gesellschaft zu mindern. Heutzutage gibt es, trotz des dringenden Bedürfnisses nach weltweiter, also die Grenzen der Nationalstaaten überschreitender Zusammenarbeit, immer noch Gegensätze und Konflikte.

Die japanische Geschichte ist ein Beispiel dafür, wie mit der Bildung eines Nationalstaats ein System wechselseitiger Kooperation entstehen kann. Bis zum Beginn des siebzehnten Jahrhunderts wurde Japan von verschiedenen Feudalherren regiert, die untereinander zerstritten waren. Im fünfzehnten und sechzehnten Jahrhundert erfuhren die Konflikte eine Lösung. Im siebzehnten Jahrhundert gab es dann Frieden und die nationale Einigung. Ein System echter wechselseitiger Kooperation entstand aber erst in der zweiten Hälfte des neunzehnten Jahrhunderts, als alles zum Zwecke der am Westen orientierten Modernisierung Japans unternommen wurde.

Wie früher Japan so haben heutzutage viele Nationalstaaten im Inneren Einheit und Harmonie gestiftet. Doch tragen sie als Nationalstaaten im Rahmen des gegebenen internationalen Systems zur Vertiefung der Gegensätze und Konflikte zwischen den jeweiligen Gesellschaften bei. Eins der dringlichsten Ziele, die wir in Angriff nehmen müssen, ist die Schaffung einer internationalen Gesellschaft, deren Aufgabe es ist, die kooperativen Beziehungen zwischen allen Menschen zu fördern. Was halten Sie von der Idee, das gegenwärtige System von Nationalstaaten, die sich mit militärischer Gewalt schützen bzw. ihre Interessen auf diese Weise durchsetzen, abzuschaffen und stattdessen eine große Gesellschaft zu gründen, die für die Lösung weltweiter Probleme wie etwa die Erhaltung der natürlichen Ressourcen, den Umweltschutz, die Lebensmittelknappheit usw. zuständig ist?

Peccei: Das System der Nationalstaaten muß in der Tat von

Grund auf revidiert werden – sobald dies ohne größere Risiken machbar ist. Der Ursprung des modernen Nationalstaats läßt sich zurückverfolgen bis zum Westfälischen Frieden im Jahre 1648, mit dem die Epoche des Feudalismus endete und der insofern ein Meilenstein in der Geschichte Europas war. Unser Kontinent war damals noch stark bewaldet und erst dünn besiedelt; die Leute, die lesen konnten, taten dies bei flackerndem Kerzenschein; nur ein paar reiche Leute reisten zu Pferde, und noch weniger Menschen konnten sich eine der – noch dazu äußerst unbequemen – Kutschen leisten; der Rest der Menschheit legte auch weite Strecken zu Fuß zurück. Wir dagegen verfügen über erdumspannende Kommunikations- und Transportsysteme, unser Wissen wächst nicht nur rapide, sondern kann auch sofort überallhin vermittelt werden, unsere Computer, Satelliten und Atombomben werden immer besser – und dennoch halten wir unverändert am Nationalstaat als dem Kernstück unserer politischen Institutionen fest. Dabei ist dieses altmodische Modell, das auf dem trennenden und konfliktträchtigen Prinzip der nationalen Souveränität beruht, einer der größten Hemmschuhe für den Fortschritt der Menschheit in diesem sich ansonsten so stürmisch wandelnden Zeitalter.

Strukturelle und philosophische Revolutionen sind unabdingbar. Eines der dringlichsten Erfordernisse besteht darin, *die Weltgemeinschaft von den nationalen Schranken zu befreien.* Dabei sehe ich in der Hauptsache die folgenden vier Wege, diesem Ziel schrittweise näherzukommen. Zum ersten müssen *subnationale* autonome Organisationsformen entwickelt werden. Zwar ist der Gemeinsinn bei großen Konzernen nicht immer stark entwickelt, doch sind sie Schrittmacher auf dem Gebiet der Organisation. Dabei befolgen sie die Regel der Dezentralisierung von Entscheidungen – entschieden wird also auf der Ebene, die die jeweiligen Entscheidungen auch ausführt; hinzu kommen Mittel und Wege, um diese jeweils aufeinander abzustimmen und das Ganze zu koordinieren. Ähnliche Organisationsformen sollten auch in Politik und Verwaltung praktiziert werden. Dies ist ein Fall, in dem die neumodische Parole „Denke global, handle lokal" sehr wohl angewandt werden kann. Das Prinzip der Dezentralisierung von politischen und administrativen Funktionen und Entscheidungen, demzufolge diejenigen Leute entscheiden, die direkt mit den Folgen zu tun haben und die Probleme und Lösungsmöglichkeiten daher besser kennen, ist sowohl in Nordamerika als auch in Westeuropa bereits erfolgreich erprobt und angewandt worden.

Ikeda: Im Falle von Privatunternehmen wie International Business Machines (IBM) und Coca Cola zeigt es sich, daß die Ausdehnung auf internationale Märkte erfolgreich sein kann. Zwar gibt es auch da verschiedene Organisationsformen, doch ist es in solchen Fällen üblich, daß der Stammsitz für den neuesten Stand der Technologie sorgt, Personalangelegenheiten, Arbeitsorganisation und die zu erreichenden Produktionsziffern dagegen so weit wie möglich den Zweigwerken überläßt. Zwar gibt es auch Fälle, in denen sich das Stammwerk, um seine Autorität zu erhalten, aus Kurzsichtigkeit und Engstirnigkeit in Dinge einmischt, die man den Leuten vor Ort überlassen sollte, doch werden solche Fehler in der Regel sofort korrigiert, da man weiß, daß mangelhafte Leistung den Untergang des Unternehmens zur Folge haben kann. Und in diesem Sinne haben Sie recht, wenn Sie sagen, daß weltweit arbeitende Konzerne Schrittmacher auf dem Gebiete der Organisation sind.

Auch Politik und Verwaltung könnten ganz anders organisiert sein, wenn die Spitze – und das gilt ebenso für andere autoritäre Organisationen wie die Kirchen – den Versuch unternähme, die untergeordneten Entscheidungsträger dahin zu bringen, daß sie genau so selbständig funktionieren wie die Zentrale. In diesem Zusammenhang interessiere ich mich eher für die Idee der Föderation als für die der Dezentralisierung.

Peccei: Zum zweiten müssen *supranationale* Vereinigungen gebildet werden, das sind Staatenbündnisse, die gewisse gemeinsame Interessen haben und aus diesem Grunde gemeinsame Institutionen schaffen, denen sie einen Teil ihrer ökonomischen, politischen Funktionen beispielsweise übertragen.

Das bislang beste Beispiel ist die Europäische Gemeinschaft, obwohl sich ihr Konsolidierungsprozeß im Schneckentempo vollzieht. Nach den Erfahrungen aus beiden Weltkriegen, die in Europa ausgebrochen sind und in denen Europa das Hauptschlachtfeld war, hielten Westdeutschland, Frankreich, Italien, Großbritannien und die anderen europäischen Staaten es für undenkbar, getrennte Wege zu gehen und dadurch einen nächsten Krieg zu riskieren. Also beschlossen sie – auf die Iniative einiger weniger führender Staatsmänner hin, die darin von der öffentlichen Meinung unterstützt wurden –, es sei an der Zeit, damit aufzuhören, daß jeder Staat sich seiner eigenen Mechanismen bedient und unabhängig von den anderen Politik treibt in Angelegenheiten, die ganz Europa betreffen. Damit waren die ersten Grundlagen der Europäischen Gemeinschaft gelegt.

Im Jahre 1980 hat der Club of Rome am Sitz der Vereinten Nationen eine große Konferenz abgehalten, auf der die Möglichkeiten diskutiert wurden, wie sich der Dialog und sonstige Beziehungen zwischen den Nationen einfacher und zugleich effektiv gestalten lassen und wie auf regionaler Ebene ein Zusammenschluß von Ländern mit gemeinsamer kultureller Tradition oder gleicher geowirtschaftlicher Ausgangslage zustande kommen könnte. Derartige regionale Gemeinschaften, die alle wichtigen politischen Entscheidungen aufeinander abstimmen, könnten ein Mittelweg sein zwischen dem momentanen unregierbaren Chaos – etwa einhundertsechzig egozentrische, oft nicht einmal lebensfähige souveräne Staaten sind in endlose Streitereien verwickelt – und dem Ideal einer Weltregierung, das noch lange Zeit genauso irreal und irreführend bleiben wird wie eine Fata Morgana. Bei den Vereinten Nationen hat sich eine kleine Arbeitsgruppe gebildet, die ähnliche Programme für eine regionale und überregionale Kooperation in den achtziger Jahren weiter verfolgen und damit einer späteren weltweiten Kooperation den Weg bereiten soll.

Ikeda: Der regionale Zusammenschluß von Ländern mit einer gemeinsamen kulturellen Tradition oder einer gemeinsamen geowirtschaftlichen Lage ist eine hervorragende Idee.

Natürlich verlangt der Friede die weltweite Kooperation aller Länder; doch gibt es im alltäglichen Leben der Mehrheit der Bevölkerung eine Vielzahl von Problemen, die zunächst die Kooperation auf einer die nationalen Grenzen überschreitenden Ebene erforderlich macht. Bei den europäischen Nationen ist der gemeinsame kulturelle Hintergrund sehr viel größer als die Unterschiede. Außerdem bilden sie eine Wirtschaftsgemeinschaft. Daß Italien, Frankreich, die Schweiz, Belgien, Spanien und Deutschland nahe beieinander liegen, hat zur Folge, daß der Lebensstil des einen Landes auf den des anderen abfärbt, weil die Möglichkeit zu häufigen Kontakten besteht. Die Notwendigkeiten des alltäglichen Lebens haben bei den europäischen Völkern eine Art Internationalismus entwickelt, der sich nur schwer wieder rückgängig machen läßt. Erst wenn ein Krieg ausbricht, wird die lebenswichtige Bedeutung grenzüberschreitender Kontakte schmerzlich spürbar.

Ich glaube, ein aus häufigen Kontakten in Dingen des alltäglichen Lebens geborener Internationalismus kann Barrieren niederreißen und den Nationalstaat zum altmodischen Relikt aus längst vergangenen Zeiten werden lassen. Wenn ein ähnlicher Prozeß wie in der Europäischen Gemeinschaft dazu führen könnte, daß Ost und West, die Vereinigten Staaten und die Sowjetunion, Japan, China und die Sowjetunion einander in kleinen Schritten näherkommen, dann entstünde damit eine unübersehbare mächtige Friedensbewegung. Oder mit anderen Worten: Transnationale Interessen wirken vertrauensbildend, wenn sie auf der gemeinsamen Lösung alltäglicher Probleme beruhen.

Peccei: Sie haben recht, und das zeigt sich daran, das *transnationale* Interessen dieser Art sich zu organisieren beginnen. Große Aktiengesellschaften haben als erste die Vorteile wahrgenommen, die sich aus einer grenzüberschreitenden Planung, Organisation und Verfahrensweise ergeben. Wie rücksichtslos und hemdsärmelig sie sich dabei auch immer aufgeführt haben mögen – sie befinden sich eher im Einklang mit den Erfordernissen unseres Zeitalters als die dickköpfigen Befürworter einer starren Aufteilung der Welt in lauter souveräne nationale Enklaven. Die Weltgemeinschaft muß erst herausfinden, wie lokale, nationale und regionale Vorrechte berücksichtigt werden können, ohne auf den Übergang des Unternehmens Mensch zu transnationalen Organisationsformen verzichten zu müssen, der gerade in unserem hochgradig integrierten und von wechselseitiger Abhängigkeit geprägten globalen System so wichtig ist.

Viertens müssen wir uns in unserem Denken von der weitverbreiteten und alles durchdringenden fixen Idee der Nationalität befreien. Die meisten Dinge, die das Leben lebenswert machen, tragen *keine nationale (Uni-)Form* und lassen sich auch durch die künstlichen Grenzziehungen des Menschen nicht in ihrer Freiheit beschränken. Das gilt unter anderem für die Musik, die schönen Künste, die Wissenschaft sowie für Liebe und Mitleid. Auch die Natur kennt keine Grenzen, die Sonne scheint, wo sie will, der Wind weht, wo er will – überhaupt ist die Natur allgegenwärtig, und das gilt leider auch für die Kehrseite der Medaille: für die Umweltverschmutzung, den sauren Regen und für die Folgen, die sich aus der Beeinträchtigung der Ozonbildung in den höheren Schichten der Atmosphäre ergeben. Es wird ein schöner Tag sein, wenn wir endlich erkennen, daß Theorie und Praxis des Nationalstaats, die Aufteilung der Welt in eine Reihe von ausschließlich auf sich fixierter Staaten, uns am rechten Gebrauch unseres Planeten hindert und nur die schlimmen Auswirkungen potenziert, die unsere alltäglichen Untaten ohnehin schon haben.

Und last not least ist jeder Mensch vielseitig. Daher ist es so absurd, diese Tatsache ignorieren und Menschen in die eine oder andere nationale (Uni-)Form pressen zu wollen. Die Männer und Frauen von heute sind mehr als bloß Bürger eines besonderen Nationalstaats. Zum Beispiel bin ich durch Geburt und Erziehung Römer, Italiener, Europäer und Abendländer und durch meine freie Entscheidung ein Weltbürger, der alle seine Brüder und Schwestern – egal, welchen Paß sie auch haben mögen – verstehen und mit ihnen und für sie leben möchte.

Ikeda: Ich stimme Ihnen voll zu, doch oft wissen die Menschen zwar, daß sie Japaner, Asiaten und Mitglieder der menschlichen Rasse sind, berufen sich aber auf ein borniertes Selbstbild. Aufgrund derart beschränkter Ansichten ist die japanische Bevölkerung in den Krieg gegen die Vereinigten Staaten und China gezogen, obwohl sie wußte, daß es ein Zeichen übler Verblendung ist, wenn Menschen sich gegenseitig umbringen. In weniger lebensbedrohenden Angelegenheiten tun viele Menschen mehr für ihren eigenen Vorteil oder den ihrer Familie als für das Wohlergehen und Glück der gesamten menschlichen Gesellschaft, oder sie kümmern sich, wie Sie zu sagen pflegen, mehr darum, in den Genuß kurzfristiger Vorteile zu kommen, als um das Wohlergehen künftiger Generationen. Dem Buddhismus gilt diese Art von Selbstsucht als böse, und Beiträge zum Wohlergehen anderer sowie zum Allgemeinwohl sind gute Taten. Um Gutes zu tun, müssen wir uns so vielseitig wie möglich betätigen, und das heißt, fest daran glauben, daß alle Menschen Brüder sind.

Peccei: Lassen Sie mich noch ein paar Worte verlieren über das *Prinzip* der Souveränität, das mit dem Begriff der Nationalstaatlichkeit aufs engste verknüpft ist. Ich habe anderswo gezeigt*, daß und wie dieses Prinzip vielen mißlichen Entwicklungen, Dysfunktionen und Gefahren zugrunde liegt, die mit der gegenwärtigen zwischenstaatlichen Organisation der menschlichen Gesellschaften gegeben sind. Es hat sich eingebürgert, daß man von Makro-Problemen, Mega-Trends, weltweiten Herausforderungen und globalen Alternativen spricht. Wie übertrieben diese Bezeichnungen für die neuen Dimensionen unserer Umwelt, durch die unser aller Leben entscheidend beeinflußt wird, auch sein mögen, sie enthalten jedenfalls die richtige Einsicht, daß sich die Realitäten unseres Zeitalters nicht in die künstlichen Formen pressen lassen, in die die Nationalstaaten sie gerne zwängen würden. Wenn wir in Zukunft eine faire Chance zum erfolgreichen Überleben ha-

* *Die Qualität des Menschen,* Stuttgart 1977; *Die Zukunft in unserer Hand,* München 1981.

ben wollen, dann müssen wir uns in unserem Denken vom Mythos der Souveränität befreien, denn er ist ein philosophisches und politisches Überbleibsel aus einer längst vergangenen Zeit.

Kommunikation ohne Gemeinsamkeit

Ikeda: Aufgrund der Fortschritte in der Kommunikationstechnologie können wir nicht nur mit jedermann reden, selbst wenn er sich auf der anderen Seite des Globus befindet, sondern per Fernsehen auch sein Mienenspiel verfolgen. Doch haben sich die Kommunikation und der Gedankenaustausch nicht in gleichem Maße entwickelt wie die Kommunikationstechniken. Ich glaube, daß die Völker früher häufiger und gehaltvoller miteinander kommuniziert haben, als sie es in der gegenwärtigen Periode des Nationalismus tun.

Vor langen Zeiten stellte die Seidenstraße eine lebendige Verbindung zwischen den Völkern dar, denn auf ihr wurde nicht nur das Produkt transportiert, das ihr den Namen gab, sondern sie war ein Ort für den künstlerischen, religiösen und wissenschaftlichen Austausch zwischen den Völkern. Sie war das materielle und geistige Band, das nicht nur die chinesischen Städte untereinander und mit dem Mittleren Osten verband, sondern in ihren verschiedenen Nebenrouten auch die Nationen des Fernen Ostens mit den westlichen Ländern Italien, Frankreich und Spanien. Auf dieser Straße gelangte der Buddhismus von Indien nach China und von China über Korea dann nach Japan. Und die vielen chinesischen und koreanischen Einwanderer, die im Zusammenhang mit dem Buddhismus nach Japan kamen, waren eine große Bereicherung für die japanische Kultur, da sie die Zivilisation des asiatischen Kontinents mitbrachten.

Damals wurden die Menschen nicht durch komplizierte Einwanderungs- und Einbürgerungsbestimmungen behindert; diese wurden erst von den modernen Nationalstaaten eingeführt. Ein Fremder, der gut mit den Menschen im anderen Land zurechtkam, konnte leicht Mitglied der Gesellschaft werden. Trotz der Fortschritte im Transport- und Kommunikationswesen werden die Menschen heutzutage durch die Grenzen zwischen den Staaten gehindert, echte und dauerhafte persönliche Kontakte zwischen verschiedenen Kulturen zu knüpfen. Ich möchte, daß diese Grenzposten so bald wie möglich verschwinden, weil ich glaube, daß das auf persönliche Kontakte und die Kenntnis der fremden Lebens- und Denkweisen gegründete Verständnis für andere Völker ein Schlüssel zur Abwendung der Katastrophe und zum Bau einer schönen Zukunft ist.

Peccei: Durch die modernen Medien – Telefon, Fernsehen, Video, Telegramm, Telex – ist der Umfang der zwischenmenschlichen Kommunikation sehr viel größer geworden als je zuvor. Wir können mühelos mit anderen Menschen, seien sie nah oder fern, in Verbindung treten und tun dies auf die eine oder andere Weise auch täglich, wenn nicht stündlich.

Unserer Kommunikation fehlt aber *oft die echte Gemeinsamkeit,* die persönliche Note, die Wärme, die Menschen ausstrahlen, die sich kennen und die zusammen sind. In diesem Punkt stimme ich voll mit Ihnen überein. Eine solche Kommunikation ist künstlich, elektronisch, es fehlt ihr großenteils die Begegnung von Angesicht zu Angesicht, sie geht nicht von Herz zu Herz. Leidenschaften werden unterdrückt; selbst Beleidigungen verlieren ihren Stachel. Ich kann anrufen, wen ich will, am Telefon höre ich nur ihre bzw. seine mechanisch reproduzierte Stimme. Beim Fernsehen handelt es sich ohnehin um eine Ein-Weg-Kommunikation, da das Programm von wenigen Leuten für die vielen gemacht wird, die nur Zuschauer und Hörer sind. Man kann per Bildschirm Konferenzen abhalten, ohne daß die Konferenzteilnehmer zusammenkommen, sich die Hände schütteln oder auf die Schultern klopfen müssen. Auf anderen Gebieten gewöhnen sich die Menschen so sehr an den Dialog mit ihren Computern, die ihre Fragen schnell und präzise beantworten, daß sie nicht mehr das Bedürfnis, geschweige denn Vergnügen daran haben, mit anderen Menschen zu reden, die womöglich unbeholfen reagieren oder ihnen widersprechen. Infolgedessen können gut organisierte Interessengruppen große Mengen von Menschen beeinflussen, die zwar Seite an Seite gehen, sich aber dennoch fremd bleiben. Die Masse ist meistens amorph, die Stadt anonym und die Familie – die Keimzelle der Gesellschaft – zerrissen; dadurch werden alle Menschen zur leichten Beute derer, die Macht ausüben wollen.

In Japan und anderen technologisch führenden Nationen arbeitet eine Avantgarde von Forschern und Unternehmern an der nächsten Stufe des technischen Fortschritts, der Informationsgesellschaft. Obwohl wir diese Entwicklung sehr bewundern, lassen sich ein paar bange Fragen nicht verdrängen. Wieviele Menschen werden in der Lage sein, ihr Leben diesen neuen Standards anzupassen? Wird die Informationsgesellschaft gewöhnliche Menschen dazu verleiten, daß sie noch mehr kommunizieren und noch weniger aufeinander eingehen? Oder läßt sich diese Art von Fortschritt so gestalten, daß er den Billionen Erdenbürgern nicht als fremde, künstlich oktroyierte Macht erscheint, sondern als leicht erlernbare Entfaltung ihrer angeborenen Fähigkeiten? Als ein Prozeß, der dem ähnelt, wenn man ein Musikinstrument spielt, einen Berg besteigt, sich eine Vorstellung von Gott macht, eine verstopfte Hauptverkehrsstraße überquert oder nach und nach die Muttersprache oder den eigenen Dialekt lernt.

Freude an der Toleranz

Ikeda: Zwar sind rassische Vorurteile bei verschiedenen Völkern weitverbreitet – nehmen Sie zum Beispiel den Haß der Deutschen auf die Juden im Dritten Reich oder die ungerechte Behandlung der Schwarzen durch viele Bürger der Vereinigten Staaten –, doch bin ich deswegen noch lange nicht für Theorien, die derartige Phänomene als eine instinktive Reaktion des Menschen erklären. Weiße, schwarze, gelbe und rothäutige Kinder spielen ganz offen und vorurteilslos miteinander. Die Feindseligkeit entwickelt sich erst später, wenn die Kinder älter werden und sich mit ihrer jeweiligen rassischen Gruppe identifizieren. Glauben Sie, daß rassische Vorurteile hauptsächlich auf kulturellen Traditionen und sozialen Gewohnheiten beruhen?

Peccei: Ja, das glaube ich. Und ich würde sagen, daß das nicht nur für die rassischen, sondern auch für die religiösen, ideologischen und nationalen Vorurteile gilt, und erst recht natürlich für die Vorurteile, die sich auf Alter und Geschlecht beziehen. Wie Sie bereits festgestellt haben, kommen Kinder sehr gut miteinander aus, gleichgültig, welche Hautfarbe oder gesellschaftliche Stellung ihre Eltern haben. Das liegt daran, daß die kindliche Spielkultur überall ähnlich ist. Wenn die Kinder älter werden und in die Kultur der Erwachsenen hineinwachsen, gewinnen die Unterschiede jedoch an Bedeutung; und so kommt es zur Scheidung nach Hautfarbe, zur Diskriminierung wegen des Geschlechts, zu Klassenbewußtsein und damit zu Konflikten. Die Spannungen zwischen den Weißen und Schwarzen und zwischen den alteingesessenen Einwanderern und den spanisch sprechenden Neulingen in den Vereinigten Staaten, der blutige Krieg zwischen Katholiken und Protestanten in Nordirland und die oft weniger manifeste Verfolgung von Minderheiten, die in vielen Teilen der Welt ein erschreckendes Ausmaß angenommen hat – sie alle beruhen im wesentlichen auf kulturellen Traditionen. Das soll nicht heißen, daß verschiedene Kulturen von Haus aus antagonistisch sind; großenteils ist ihr Gegensatz vielmehr das Werk herrschender Eliten, die es für vorteilhaft erachten, kulturelle Unterschiede gegeneinander auszuspielen, um ihre Vormachtstellung zu erhalten.

Daß somit aus kulturellen Unterschieden Konflikte entstehen können, ist um so beklagenswerter, als *kulturelle Vielfalt eine fruchtbare Quelle geistiger Bereicherung* ist. Welch schreckliches Bild böte die Welt nach der Einführung einer Standardkultur – und dabei sind wir mit der scherzhaft „Siegeszug der Coca-Cola-Kultur“ genannten Entwicklung auf dem besten Weg dazu. Der Reiz, den kulturellen Hintergrund fremder Völker kennenzulernen, wäre dahin, und vorbei wäre es mit dem Ansporn und Auftrieb, den wir aus ihren verschiedenen Standpunkten, Werten und Denkweisen beziehen.

Ikeda: Sie haben vollkommen recht. Schließlich zeigt die Beliebtheit des Reisens, daß die Menschen neugierig sind und bleiben. Wir alle können von fremden Dingen und Orten nur lernen. Neues zu erfahren und sich mit fremden Sichtweisen und Vorstellungen auseinanderzusetzen, macht den Spaß am Reisen aus. Wer sich vor dem Unbekannten fürchtet, gegen Fremdes allergisch ist und in seinem alten Trott bleiben will, der ist schon senil, selbst wenn er noch jung ist.

Peccei: Ja, natürlich. Ich freue mich sehr, daß Sie Japaner und Buddhist sind und kein Italiener, der von denselben Traditionen wie ich geprägt ist, da ich auf diese Weise sehr viel von Ihnen profitieren kann, jedenfalls mehr als von jedem Landsmann. Und ich hoffe, daß Sie auch etwas Neues von mir lernen können. Noch wichtiger als das persönliche Interesse und der persönliche Gewinn sind jedoch die Toleranz und das Verständnis, die sich aus dem Aufeinandertreffen verschiedener Kulturen ergeben können. Ich sage oft zu denjenigen meiner Freunde, die Marxisten sind: „Sie sind also Marxist. Nun gut. Dann erzählen Sie mir doch etwas über Ihre Einsichten und Prinzipien.“ Oder ich sage zu afrikanischen Kollegen: „Ich möchte eure traditionellen Weisheiten und Erfahrungen kennenlernen. Teilt sie mir mit. Dann sind wir beide klüger.“ Indem wir eine innere Haltung pflegen, die in wechselseitigem Verständnis und Toleranz besteht, und indem wir uns begierig die kulturelle Vielfalt aneignen, statt wie bisher fremde Kulturen selbstgerecht abzuurteilen und Außenseiter mißtrauisch zu beäugen, schaffen wir in der Welt eine neue Atmosphäre und machen es uns dadurch leichter, die gemeinsame Problematik anzupacken.

Wir müssen als Mitglieder verschiedener Rassen und Kulturen auf diesem Planeten zusammenleben, ob wir wollen oder nicht. Wieviel glücklicher könnten wir sein und wieviel sicherer könnten wir leben, wenn wir endlich lernten, uns darüber zu freuen, daß wir einander verstehen und voneinander lernen können, statt uns widerwillig miteinander zu verständigen, bloß weil man anders nicht zurechtkommen kann.

Die Rolle der Religion: Ist Ökumene möglich?

Peccei: Die menschliche Psyche muß neue Faktoren und Phänomene verarbeiten, die jenseits der Erfahrungswelt unserer Vorfahren liegen – und wir wissen noch nicht genau, wie sie dies bewerkstelligen wird. Lassen Sie mich nur ein paar dieser Aspekte erwähnen. Auf der alten Erde sind viel mehr Menschen zusammengepfercht, als man sich früher auch nur vorstellen konnte. Darüber hinaus ist die Mobilität eines jeden einzelnen sehr viel größer als die der Zauberer in den Märchen unserer Vorfahren, und wir können dank gewisser technischer Errungenschaften weltweit sehr viel intensiver miteinander kommunizieren. Zugleich sind unsere Möglichkeiten, unsere Umwelt bis zur Unkenntlichkeit zu verändern, ins Unermeßliche gewachsen; und wir können Millionen und Abermillionen unserer Mitmenschen vernichten, indem wir eine andere Sorte von technischen Errungenschaften ihrem Zweck gemäß verwenden. Von einem bedrückenden Wandel betroffen sind also auch die Einflußmöglichkeiten des Menschen auf alles und jedes. Die natürlichen Systeme und Zyklen – insbesondere die biologischen – sind, wie ich bereits zu zeigen versucht habe, schwer betroffen von diesem Wandel. Und das gilt auch für die menschliche Psyche. Wir reagieren noch sehr verworren und mit gemischten Gefühlen: wir fühlen uns hilflos und entfremdet, beklagen den Verlust des Glaubens und die Angst vor anderen Menschen, reagieren gewalttätig, setzen plötzlich alle Hoffnungen auf technologische Wunderwerke oder sehnen uns nach dem Charisma eines Führers.

Sind die verschiedenen Religionen reif genug, um den Herausforderungen dieser epochalen Krise gewachsen zu sein? Inwiefern sind sie eine echte Hilfe für den armen modernen Menschen in seiner mißlichen Lage? Bemühen sich die verschiedenen buddhistischen Sekten um ihre Einigung, um gemeinsam überall dem Guten zum Durchbruch zu verhelfen? Haben die christlichen Glaubensbekenntnisse ihren Streit in Fragen der Dogmatik beigelegt, um alle Menschen mit Hoffnung zu erfüllen und um allen Menschen auf der Erde, gleichgültig, was sie glauben, die Erleuchtung zu bringen? Sind die rivalisierenden Strömungen des Islam bereit, ihre Fehden eine Zeitlang zu begraben, um unterschiedslos alle Menschen, also nicht nur die Anhänger des Islam, sondern auch Andersgläubige und Atheisten, in ihre Gebete aufzunehmen und sie auf der Suche nach Wahrheit und Verständnis zu begleiten? Sind die großen Religionen je aufeinander zugegangen, um sich gemeinsam der Aufgabe zu stellen, wie man die Weltbevölkerung schon im Diesseits erretten kann, bevor es zu spät ist? Oder müssen alle Kirchen, Glaubensbekenntnisse und Religionen notwendig immer ihren eigenen Weg gehen? Muß jede ihren jeweiligen Glauben verkünden und so weitermachen wie bisher, als ob sich die Welt nicht verändert hätte? Sie unterscheiden sich gar nicht groß in dem, was sie für das Wesen des Guten halten; müssen sie sich also über seine Offenbarung, Formulierung oder Interpretation streiten? Können sich die großen Religionen nicht endlich auf ein gemeinsames höheres Ziel einigen? Können sie sich nicht fragen, was sich durch den Zusammenschluß ihrer beispiellosen geistigen und moralischen Potenzen erreichen ließe, um die Menschheit zu bessern und ihr dadurch den Weg in eine lebenswerte Zukunft zu ermöglichen?

Ist die Zusammenarbeit der Religionen nur eine rhetorische Figur? Behindert das dogmatische Festhalten an der eigenen Souveränität in Glaubensdingen die Zusammenarbeit so sehr, daß die Religionen es nicht schaffen, in der wirklichen Welt ein Faktor zu werden, auf den man sich verlassen kann? Oder läßt sich die großartige Idee der Ökumene praktisch verwirklichen, indem alle Religionen einträchtig und solidarisch zusammenwirken, um allen Menschen das Gute zu bringen? Was meinen Sie dazu? Welche Initiative möchte Soka Gakkai in diesem Zusammenhang ergreifen?

Ikeda: Die Fragen, die Sie stellen, sind sehr streng, und man muß ehrlich und ernsthaft darüber nachdenken. Offen gesagt halte ich die heutzutage von einigen Religionen unterstützte ökumenische Bewegung für eine Angelegenheit, die notwendig zu Enttäuschungen führen muß. Denn um eine Religion zu bleiben, muß sie davon überzeugt sein, daß nur ihre eigenen Lehren richtig, andere daher falsch sind. Praktisch würde die Verwirklichung des ökumenischen Gedankens Kompromisse in Fragen der Dogmatik erfordern, die ich für unannehmbar halte.

Das soll aber nicht heißen, daß die Religionen einfach danebenstehen sollen, wenn der moderne Mensch sich immer tiefer in seine gefährliche Verwirrung verstrickt. Wie Sie bereits festgestellt haben, müssen Rassen mit unterschiedlichem kulturellem Hintergrund auf der Erde zusammenleben. Ich glaube, daß die Religionsgemeinschaften zwar nicht in Fragen der Dogmatik und der Lehre zusammenarbeiten können, daß eine Zusammenarbeit aber sehr wohl möglich, ja sogar notwendig ist, und zwar auf den ganz anders gearteten Gebieten von Politik, Ökonomie, Industrie und Kultur. Mit anderen Worten: Obwohl ich glaube, daß eine Kooperation hinsichtlich der religiösen Lehre gleichbedeutend ist mit der Aufgabe derselben, bin ich der Auffassung, daß man Menschen verschiedenen Glaubens unbedingt dazu ermutigen sollte, auf den Gebieten der Politik, Erziehung und Kultur zusammenzuarbeiten.

Es sind die verderblichen Gelüste im menschlichen Leben – im Buddhismus nennt man sie die Drei Gifte: Begierde, Haß und Verblendung –, die den Menschen zu Vorurteilen anstacheln, Verwirrung stiften und zu Konflikten aus Pflichtvergessenheit führen. Die Gründe für alles Unglück liegen, mit anderen Worten, im menschlichen Leben selbst. Das Christentum, der Islam und der Buddhismus lehren Liebe und Mitleid, um die ideologischen und rassischen Differenzen zu überwinden, den Weg wechselseitigen Verständnisses zu beschreiten und um eine Art ökumenischer Vereinigung aller Menschen herzustellen. Liebe und Mitleid allein waren bislang jedoch nicht in der Lage, Begierde, Haß und Verblendung auszurotten, die allem Verdruß zugrunde liegen. Überdies sind die Bewegungen, die die ökumenische Vereinigung der Menschen auf der Grundlage von Liebe und Mitleid herstellen wollten, entweder nicht weit gekommen, oder sie haben, was noch schlimmer ist, Haß und Verachtung zwischen den Anhängern verschiedener Glaubensbekenntnisse geschürt. Über unbedeutende Differenzen in Fragen der Dogmatik oder der Liturgie haben sich die Mitglieder einer Religionsgemeinschaft häufig in Parteien gespalten, die einander feindlicher gegenüberstanden als den Anhängern eines ganz anderen Glaubens, und dadurch haben sich Menschen manchmal dazu anstacheln lassen, das Leben ihrer Mitmenschen für wertloser zu halten als das Leben von Tieren.

Dabei ist die Religion diejenige Macht, die die unerwünschten Charaktereigenschaften des Menschen im Zaum halten könnte. Die unleugbare Wahrheit, daß sie nicht immer im Zaum gehalten wurden, scheint auf die Impotenz der Religion zu verweisen. Der Wert einer Religion ist aber abhängig davon, wieweit sie Begierde, Haß und Verblendung zu unterdrücken und so dem Geist der Liebe und des Mitleids Raum zu schaffen vermag. (Daher bin ich Anhänger einer Religion, welche die menschliche Revolution des inneren Seins lehrt.) Eine religiöse Lehre kann mit anderen Worten die Schattenseiten der Menschennatur nicht ganz unterdrücken, sie muß aber das Mittel bleiben, durch das der einzelne stark genug wird, um im Verein mit seiner eigenen Willenskraft die Drei Gifte zu überwinden.

Ich bin daher überzeugt davon, daß die Religion – und das gilt insbesondere für die höheren Religionen – wieder eine größere Rolle im Bewußtsein der Menschen spielen muß. Nur ein starker Glaube kann uns den globalen Frieden bringen und die Menschheit vom Abgrund des alles vernichtenden Atomkriegs wegführen.

Kurzum, ich glaube, wenn jeder einzelne Gläubige ehrlich und gewissenhaft seine Glaubenslehren in die Tat umsetzt, dann ließen sich die Krisen abwenden, vor denen die Menschheit heute steht, und zugleich könnte jedes Glaubensbekenntnis seine Individualität und Unabhängigkeit in Fragen der Lehre bewahren.

Teil III

Die menschliche Revolution

von Daisaku Ikeda

Die Zivilisation hat die Umweltbedingungen dahingehend verändert, daß sie den Bedürfnissen und Wünschen der Menschen entsprechen. Wissenschaft und Technologie haben die Anwendung der Naturkräfte so weit entwickelt, daß sie die Natur überlisten können. Außerdem hat sich der Mensch um die Verbesserung der Gesetze und sozialen Systeme bemüht in dem Glauben, daß deren Perfektionierung in Kombination mit einem hohen Entwicklungsstand von Wissenschaft und Technologie der Menschheit einen idealen, lang andauernden Zustand des Glücks bescheren kann. Wissenschaftler, Technologen, Politiker und Juristen waren stolz auf ihre Arbeit, weil sie glaubten, sie könnten damit die Lage der gesamten Menschheit verbessern. Und umgekehrt hat die Gesellschaft diese Leute deswegen geschätzt und geachtet.

Der Glanz ihrer Leistungen und das Vertrauen, das sie einflößten, verschwinden jetzt hinter einer Wolke von Zweifeln. Viele Menschen hegen den Verdacht, daß dieselben Spezialisten, die den Fortschritt der menschlichen Kultur am meisten befördert haben, die Menschheit an den Rand des Abgrunds führen. Es gibt in Amerika – und neuerdings auch in Japan – Gruppen, die die Segnungen der Wissenschaft und des modernen Lebens ablehnen. Sie kommen zwar nicht ohne alle Hilfsmittel aus, sind aber dennoch aus der Zivilisation ausgebrochen und haben Kommunen gegründet, die in Einklang und Tuchfühlung mit der Natur leben. Zwar haben sich verhältnismäßig wenige Menschen zu einem solch extremen Schritt entschlossen, doch sympathisiert eine beträchtliche Zahl von Normalbürgern mit diesen „Extremisten“, obwohl sie ihrem praktischen Beispiel aus diversen Gründen nicht Folge leisten.

Der Zeitgeist hat sich gewandelt. Die Apologeten des Fortschritts, die noch vor etwas mehr als zehn Jahren voller Hoffnung in die Zukunft blickten, wandelten sich zunächst vorsichtig und dann entschieden zu Pessimisten. Früher entdeckten nur besonders sensible Menschen unmenschliche Züge an Wissenschaft und Technologie und prophezeiten den Menschen eine düstere Zukunft. Heutzutage sind es Wissenschaftler, die auf die furchtbaren Gefahren für die Menschheit hinweisen.

Auch auf dem Gebiet der Gesetzgebung und der sozialen Systeme haben sich die Dinge weniger ideal entwickelt, als man gehofft hatte. In welchem Umfang der Lebensunterhalt der Schwachen und Unterprivilegierten gesichert ist, muß als wichtiger Maßstab für die Fortschrittlichkeit einer Gesellschaft gelten. Daher ist der Ausbau des Sozialstaats zu begrüßen, der den Arbeitslosen, Behinderten, Rentnern usw. wenigstens einen Mindestbedarf garantiert. Doch kann die Lösung ihrer materiellen Schwierigkeiten durch ein festgefügtes System sozialstaatlicher Maßnahmen die Menschen nicht unbedingt vor geistigem und seelischem Leiden bewahren. Oft ist es geradezu umgekehrt: je größer der Wohlstand in einer Gesellschaft, um so weiter verbreitet sind Unzufriedenheit und Unsicherheit. In den materiell schwierigen Jahren des Zweiten Weltkriegs und der Nachkriegszeit gab es wenig psychisch Kranke in Japan, doch nahm ihre Zahl rapide zu, als die Nation wohlhabend wurde.

Übel wie die Umweltverschmutzung und der Raubbau an den natürlichen Ressourcen sind untrennbar mit dem Streben nach Wohlstand verbunden. Die Menschheit kann diese Schwierigkeiten durch den Einsatz von Wissenschaft und Technologie überwinden, so kann sie sich zum Beispiel der Sonnenenergie bedienen und Rohstoffe womöglich sogar endlos durch Recycling zurückgewinnen. Doch muß der Mensch auf seine unverantwortlich optimistischen Zukunftsprognosen verzichten, die er bislang allein auf die Entwicklung von Wissenschaft und Technologie gestützt hat.

Kurzum, die Lösungen liegen nicht jenseits des Menschen in den technischen und materiellen Revolutionen, sondern einzig darin, daß sich der Mensch von innen heraus reformiert. Er muß sich dabei an den Grundsätzen von Weisheit und Moral orientieren. Zunächst sollten wir unseren Gebrauch technischer Hilfsmittel einmal einschränken, und wenn wir uns ihrer bedienen, dann müssen wir uns darüber im klaren sein, daß sie unserer Kontrolle unterliegen und daß Segen oder Fluch der Technik davon abhängen, was wir damit anstellen. Das neueste Automodell mit hoher Motorleistung kann nicht ordentlich funktionieren, wenn der Fahrer nicht damit fahren kann (Stichwort: Weisheit). Und dasselbe schöne Auto kann zum Sarg auf Rädern werden, wenn der Fahrer nicht den siebten Sinn (Stichwort: Moral) besitzt, also vorsichtig und nicht zu schnell fährt.

In der Neuzeit hat sich der Mensch von dem Glauben anstecken lassen, der Schlüssel zum Glück liege in der Veränderung der äußeren Welt. Er hat allzuviel Wert gelegt auf das Äußere und dabei sein Innenleben – bestimmte psychische Prozesse müssen unterdrückt und andere befördert werden – entweder vernachlässigt oder ganz vergessen. Daher lautet die dringlichste Aufgabe für den Menschen von heute: er muß sein Seelenleben reformieren und seine innere Haltung auf ein höheres Niveau heben. Das nenne ich die menschliche Revolution.

Man muß sich dieser Aufgabe bewußt sein, aber genügt das, um diese Revolution zu vollbringen? Zwar ist ein solches Bewußtsein schon besser, als wenn man sich dieser Aufgabe nicht einmal bewußt wäre. Doch schaffen äußere Zwänge und innere Impulse Bedingungen, die sich der Kontrolle durch das Bewußtsein und den Willen entziehen. Die Tiefenpsychologie hat herausgefunden, daß sich auf den tieferen Ebenen unseres Geistes eine weite Welt des Unbewußten befindet, aus der gelegentlich mächtige Impulse aufsteigen, die sich der Kontrolle durch das rationale Denken entziehen. Die menschliche Revolution kann nur dann erfolgreich sein, wenn sie diese Welt des Unbewußten verändert. Die Religion ist der wichtigste Einzelfaktor bei der Umwälzung des menschlichen Lebens; die Gründe hierfür werde ich in den nun folgenden Abschnitten darlegen.

Ich bin der Überzeugung, daß man die Lehren des Buddhismus praktizieren muß, um unser Unbewußtes umzuwälzen, denn diese Lehren sind durchdrungen von der Macht des universellen Lebens, das hinter allen individuellen Daseinsweisen des Lebens steckt. Die Lehren des Buddhismus können das Schicksal des Menschen verändern. Zwar ist es schwer, eine eindeutige rationale Erklärung dafür zu geben, doch ist die folgende kurze Abhandlung über die Lehren des Buddhismus – die Lehre von den neun Bewußtseinsstufen und den zehn Existenzweisen – mein Versuch, in dieser wichtigen Angelegenheit Klarheit zu schaffen.

In ihren Grundzügen ist die Theorie von den verschiedenen Bewußtseinsstufen bei der Wahrnehmung der Dinge im vierten und fünften Jahrhundert von dem indischen Gelehrten Vasubandhu entwickelt worden; sie wurde später dahingehend modifiziert, daß man nunmehr neun Bewußtseinsstufen kennt. Die ersten fünf Bewußtseinsstufen entsprechen den Organen der sinnlichen Wahrnehmung – Augen, Ohren, Nase, Zunge und Körper (womit die Haut als Sinnesorgan gemeint ist). Hinzu kommen vier Arten von Bewußtsein, in denen sich der menschliche Geist betätigt. Die erste und oberflächlichste könnte man das gewöhnliche Bewußtsein nennen; es koordiniert und verarbeitet die Informationen, die der Mensch über die Sinnesorgane empfängt. Die nächste Stufe ist das *mana:* dieses Bewußtsein umfaßt die seelischen Aktivitäten, die sich unabhängig von äußeren Sinneseindrücken vollziehen. Noch tiefer reicht das *alaya* oder der Speicher; diese Form von Bewußtsein umfaßt all die Erinnerungen an frühere Leben, die einem nie – in der gewöhnlichen Bedeutung des Wortes – zu Bewußtsein kommen. Im *alaya* befinden sich alle Elemente des *karma,* welche das Seelenleben, den Geist und das Schicksal in diesem Leben bestimmen.

Diese ersten acht Stufen des Bewußtseins sind Eigenschaften des individuellen Daseins und äußern sich in der Welt der Phänomene. Die neunte Stufe des Bewußtseins, das *amala,* ist diejenige, auf der sich der wahre universelle Charakter des Lebens oder das Leben in seiner universellen Form zeigt. Man nennt es das unbefleckte Bewußtsein, weil es nicht durch vergangene Taten befleckt ist. Obwohl das *amala* an sich rein ist, kann es durch äußere Umstände – insbesondere durch die Beziehungen zu anderen Lebewesen – seine Makellosigkeit verlieren.

Das *alaya* läßt sich mit dem tiefenpsychologischen Begriff des Unbewußten vergleichen. Das *amala* geht jedoch noch tiefer und ist noch fundamentaler. Daher kann das individuelle Dasein nur auf dieser Stufe verändert werden, denn die Taten der Menschen hängen nicht nur von Körper und Geist – also den ersten acht Stufen des Bewußtseins – ab, sondern auch von der elementaren Realität der universellen Kraft des Lebens, die nur dem *alaya* zugänglich ist. Im Buddhismus gibt es zwei Weisen der Bewußtseinsveränderung. Die eine betrifft das Seelenleben, den Geist und das Schicksal auf der Bewußtseinsstufe des *alaya,* die andere eine noch grundlegendere Veränderung auf der Stufe des *amala.*

Der Buddhismus zerlegt Glück und Unglück des Menschen in zehn Existenzweisen: die Hölle, die Welt der Hungergeister, die Tierwelt, Ärger, Gleichmut, Entzücken, Lernen, Verwirklichung der Wahrheit, Bodhisattva (= Anwärter auf die Buddhaschaft) und Buddhaschaft. Dabei bildet der elendeste Zustand, die Wiedergeburt in der Hölle, das eine Extrem und der Zustand der absoluten Freiheit und des höchsten Glücks, die Buddhaschaft, das andere.

Natürlich hängen diese zehn Existenzweisen eng zusammen mit den neun Bewußtseinsstufen. Hölle, Hungergeister, Tierwelt, Ärger, Gleichmut und Entzücken beinhalten Glück und Unglück, wie es von äußeren Ursachen hervorgerufen wird, und sie entsprechen daher den ersten sechs Bewußtseinsstufen. Die Stufen des Lernens, der Verwirklichung der Wahrheit und des Bodhisattva sind diejenigen, in denen das Selbst seine Abhängigkeit vom äußeren Dasein zu überwinden sucht; da in diesen Stufen bereits eine gewisse Unabhängigkeit erzielt wird, entsprechen sie der siebten Bewußtseinsstufe, dem *mana.* Um sich von äußeren Dingen zu befreien, muß der Geist auf dieser Bewußtseinsstufe tätig werden. Sie genügt aber nicht zur vollkommenen Befreiung, da noch in der achten Bewußtseinsstufe, dem *alaya,* Determinanten aus den früheren Leben wirksam sind. Um das Böse auf der Stufe des *alaya* bekämpfen zu können, müssen durch gute Taten entgegenwirkende gute Schicksalsmächte geschaffen werden. Immer Gutes zu tun, ist die Zucht des Bodhisattva. Da sich die bösen Elemente, die zum *karma* gehören, jedoch seit Urzeiten angesammelt haben, dauert es sehr lange, bis sie durch gute Taten, die dann gleichfalls Elemente des *karma* sind, ausgeglichen werden. Aus diesem Grund geht die Lehre des Buddhismus davon aus, daß die Zucht des Bodhisattva mehr als zehntausend verschiedene Leben lang dauert.

Ein Buddha hat die Stufe des *amala* auf Anhieb erreicht und ist – schon während seines irdischen Lebens – weder durch äußere Fesseln noch durch innere Regungen an die Welt gebunden. Wie bereits gesagt, sind einige Schulen des Buddhismus der Überzeugung, daß sich das innere Sein auf der Bewußtseinsstufe des *alaya* verändern läßt; diese Bewußtseinsveränderung dauert sehr lange, bis sie ihr Ziel erreicht. Nur das Lotus Sutra lehrt die Möglichkeit einer inneren Revolution durch die Entwicklung des *amala;* die Bewußtseinsveränderung findet hier auf der Ebene der elementaren Kraft des universellen Lebens statt.

Die Entwicklung des *amala* läßt sich mit der Bearbeitung und Fruchtbarmachung von Ackerland vergleichen. Denn die innere Revolution trägt nur dann Früchte, wenn sie sich in der gegebenen Gesellschaft in die Praxis umsetzen läßt. Die daraus entspringenden Taten sind dann wie das Getreide, das man auf dem präparierten Boden pflanzt und hochzieht.

Jemand, der eine menschliche Revolution auf der untersten Bewußtseinsstufe durchgemacht hat, weiß, wie er sich zur Natur und zu den anderen Menschen verhalten muß. Er weiß, daß der Mensch die Harmonie mit den Kräften und Zyklen der Natur herstellen muß. Darüber hinaus weiß er, daß die Achtung vor der Existenz, den Rechten und der Menschenwürde anderer Menschen – also die christliche Nächstenliebe und das buddhistische Mitleid – die Grundlage aller persönlichen und gesellschaftlichen Beziehungen bilden muß.

Der zweite bedeutende Beitrag der Religion zur menschlichen Revolution ist die Erziehung. Leider wird in der Erziehung heutzutage zuviel Wert auf die bloße Wissensvermittlung gelegt und die Unterweisung in den grundlegenden Verhaltensweisen gegenüber allen Formen menschlichen Lebens, einschließlich des Wissens, vernachlässigt. Dies ist ein schweres Versäumnis, nicht nur vom Standpunkt der Schüler, sondern auch vom Standpunkt der Gesellschaft und der gesamten Zivilisation, denn Wissen in der Hand von Leuten, die es nicht zu nutzen verstehen, ist entweder wertlos, oder es wirkt schädlich. Allzuoft bringen Universitäten und andere Lehranstalten ihren Studenten ein Wissen bei, das nur für diejenigen Leute nützlich ist, die später auf dem jeweiligen Spezialgebiet arbeiten. Alle anderen können ihr hart erarbeitetes Wissen nach dem Studienabschluß vergessen. Das Wissen, das junge Menschen heutzutage wirklich brauchen können, ist unverhältnismäßig gering im Vergleich zu der Energie, die sie aufbringen müssen, um es sich anzueignen. Darüber hinaus fällt dem Unterricht in Fächern, von denen sich erst später herausstellt, ob sie brauchbar sind oder nicht, die dringend nötige moralische Unterweisung zum Opfer, die die wahrhaft menschlichen Werte und Verhaltensweisen beinhalten müßte. Ich glaube, daß eine Reform auf diesem Gebiet unabdingbar ist.

Dabei möchte ich die Bedeutung des Wissens gar nicht anzweifeln, denn der Mensch muß sehr viel wissen, um in der Gesellschaft leben zu können. Er muß die Vergangenheit kennen, um mit der Gegenwart umgehen zu können. Er muß Geographie studieren, um die Beziehungen zwischen seiner Region und anderen Weltgegenden verstehen zu können. Wie Tsunesaburo Makiguchi, der erste Präsident der Soka Gakkai gesagt hat, muß das Kind zunächst etwas über seine Heimat, ihre Geographie, ihr Klima, ihre Industrie, ihre soziale Organisation und ihre Kultur wissen, und das führt dann dazu, daß es sich auch für andere, entferntere Regionen interessiert. Das Kind lernt, wie seine Gegend zum ganzen Land paßt und woher seine Nahrungsmittel kommen; auf diese Weise erweitert es seinen Gesichtskreis, bis dieser die ganze Welt umfaßt. Es eignet sich Wissen an über Gegenstände und Gegenden, die ihm bislang vollkommen fremd waren. Und dieses Wissen bleibt ihm, denn es wird nie nutzlos. Das Kind lernt etwas über die politische Struktur seiner Heimatstadt, seiner Nation und die anderer Nationen, und dadurch wird es in die Lage versetzt, seine eigene Situation in der Struktur des gesamten politischen Lebens zu verstehen. Wenn man lernt, wie wichtig kleine Lebewesen für den Menschen sind, dann macht einen das neugierig auf die ganze wunderbare Welt und flößt einem Achtung und Dankbarkeit für das Wunder des Lebens ein. Wenn man sich diese Art von Wissen schrittweise aneignet, dann bewirkt dies eine Umwälzung des Innenlebens.

Zusammenfassend möchte ich sagen, daß die menschliche Revolution im wesentlichen zwei Momente umfaßt. Das erste beinhaltet die Anwendung der religiösen Lehren (in meinem Falle des Buddhismus), um die innersten Bereiche des Bewußtseins und des menschlichen Lebens zu entwickeln und zu bessern. Das zweite Moment bezieht sich auf Kontakte und Handlungen, die die Praxis der Religion und die Erziehung in der gegenwärtigen Gesellschaft betreffen. Wenn die menschliche Revolution im inneren und äußeren Dasein von immer mehr Leuten stattgefunden hat, dann werden sich die zwischenmenschlichen Beziehungen sowie die des Menschen zur Natur harmonischer entwickeln. Dadurch entsteht eine verläßliche Grundlage für die Lösung der schwerwiegenden Probleme unserer Zeit wie Umweltverschmutzung, drohende Kriegsgefahr, Raubbau an den natürlichen Ressourcen und anderes mehr.

Die menschliche Revolution

von Aurelio Peccei

Die Wende von einem alten zu einem neuen Jahrhundert hat immer schon anregend auf die Phantasie gewirkt, da sie als Meilenstein im Leben der Menschen gilt. Wir nähern uns einem dieser großartigen Augenblicke, wobei er diesmal zudem mit dem Ende eines außerordentlichen Jahrtausends zusammenfällt, in dem die Menschheit sich aus dem Dunkel der mittelalterlichen Geschichte emporgearbeitet hat zur Schwelle eines neuen Zeitalters, das noch extraordinärer und schicksalhafter zu werden verspricht, als es die letzten tausend Jahre ohnehin schon waren. Daher glauben wir, daß wir uns *an einem der großen Wendepunkte der Geschichte* befinden. Früher vollzogen sich Aufstieg und Fall ganzer Zivilisationen – und mit ihnen Glück und Unglück der Menschen – in großen Zeiträumen, heutzutage erfaßt ein rascher Wandel den ganzen Erdball und beschert der Menschheit entweder nie dagewesenes Glück oder stürzt sie ins Unglück.

Die Zukunft ist hoffnungs- und zugleich gefahrvoll wie nie zuvor, denn wir verfügen über so viel Wissen und Macht, daß wir entweder ganz neue Horizonte eröffnen oder uns in einer zornigen Explosion der Gewalt selbst zerstören können. Wir erkennen auch, daß das, was von jetzt ab in der Welt geschieht, so sehr von uns abhängt, wie wir es uns nie hätten träumen lassen; daß wir neuen Mut und kluge Voraussicht brauchen und daß wir uns keine größeren Fehler mehr leisten können. Wir stehen wirklich erstmals Auge in Auge mit unserem Schicksal – und vielleicht sogar dem der ganzen Spezies Mensch –, und wir können es durch unser Verhalten und unsere Taten zum Besseren oder zum Schlechteren wenden.

Daß wir dieses neue Gefühl für die Herausforderungen und für unsere grundsätzliche Verantwortung entwickeln, ist zweifelsohne ein gutes Omen. Aber es genügt nicht: wir müssen erkennen, daß die momentane Entwicklung dringend korrigiert werden muß. *Die Menschheit befindet sich auf dem falschen Kurs,* auch wenn die meisten Leute das Gegenteil glauben. In Sachen Schicksal der Menschheit ist unser Urteilsvermögen getrübt durch die Perspektive eines billig zu habenden Lebens im Überfluß – eine Illusion, die wir aufgrund der Großtaten und hochgesteckten Erwartungen der fünfziger und sechziger Jahre noch immer hegen. Dies waren nämlich Jahrzehnte, in denen sich die Lebensbedingungen des Menschen dank unerhörter wissenschaftlicher Entdeckungen, neuer Technologien und praktischer Errungenschaften wesentlich verbessert haben. Auf jedem Gebiet gab es damals Fortschritte, bei der Eroberung des Weltraums ebenso wie hinsichtlich der Naturbeherrschung, desgleichen in der Medizin und auf dem Erziehungssektor, in der Industrie und dem Kommunikations- und Transportwesen. Man blickte euphorisch in die Zukunft und erwartete sich von ihr einen höheren Lebensstandard sowie ein gesünderes Leben für arm und reich. Jedermann war viel zu sehr damit beschäftigt, diesen Vorgeschmack auf künftige Heldentaten auf technisch-wissenschaftlichem und ökonomischem Gebiet auszukosten, als daß er sich um die zukünftigen Kosten oder Grenzen dieses Fortschritts gesorgt hätte, und eine mögliche Verschlechterung der Weltlage stand natürlich erst recht nicht zur Debatte.

Vor der blinden Selbstgefälligkeit unserer materiellen Zivilisation zu warnen, war und ist eine *raison d'être* des Club of Rome. Erstmals gaben wir unserer Besorgnis Ausdruck in dem bekannten Bericht über *Die Grenzen des Wachstums,* der 1972 weltweit publiziert wurde und zugleich ein Aufruf zu mehr Realismus war. Der Bericht wurde zwar kontrovers diskutiert, doch hatte er einigen Einfluß auf die öffentliche Meinung. Illusionen aber sind nur schwer auszurotten. Wenn auch eine steigende Zahl von Leuten erkennt, daß die vielfältigen Krisen, mit denen wir gegenwärtig ringen, ein Zeichen dafür sind, daß die Institutionen, politischen Maßnahmen und Strategien, die das menschliche System früher einigermaßen im Griff hatten, ihrer Aufgabe heute nicht mehr gerecht werden, besteht doch weiterhin die Hoffnung, daß sich demnächst ein

Eldorado auftun werde. Die meisten Regierungen, die meisten politischen Parteien und der Großteil des Establishments in aller Welt nähren weiterhin diese falsche Hoffnung und versuchen, sie im Bewußtsein der Öffentlichkeit am Leben zu erhalten. Zugleich suchen sie jedoch verzweifelt nach Mitteln und Wegen, um die Uhr zurückzudrehen und aufs Neue günstige atmosphärische Bedingungen für einen Aufschwung zu schaffen.

Der unbedingt erforderliche nächste Schritt besteht daher in der Analyse der gegenwärtigen Lage und in möglichst realistischen Prognosen über ihre mittel- und langfristige Entwicklung. Ich bin mir sicher, daß wir aufgrund einer solchen objektiven Analyse feststellen müssen, daß wir den falschen Kurs eingeschlagen haben und daß es ein schwerwiegender Fehler wäre, so weiterzumachen wie bisher. Wir müssen uns also trennen von den Verfahren, Methoden und Mechanismen, die uns im Laufe der letzten zwanzig bis dreißig Jahre ins Unglück gestürzt haben.

Eine solche Analyse würde uns erstens klarmachen, wie verrückt es ist, sich blindlings dem Fortschritt zu verschreiben und bei der Lösung aller menschlichen Probleme auf immer neue technologische und materielle Revolutionen zu vertrauen. Zum zweiten würde sie zeigen, daß sich die Verschlechterung der Weltlage nicht durch eine neue Weltwirtschaftsordnung hinwegzaubern läßt; zwar behaupten das immer noch ziemlich viele, mehr oder weniger gutgläubige Leute, doch hat bislang noch niemand überzeugend dargelegt, wie diese neue Ordnung aussehen bzw. wie sie geschaffen werden soll. Drittens sollte sich niemand darauf verlassen, daß wir unsere Ziele erreichen können, indem wir den Rüstungswettlauf unter Kontrolle bringen und uns Hals über Kopf auf die Kernspaltung oder -fusion stürzen, damit sie uns in das neue Zeitalter des Energieüberflusses katapultiert. Viertens nützt es auch nicht viel, wenn jedes Dorf und jeder Weiler eine Schule bekommt – denn die Frage bleibt offen, was man dort lernen soll.

Selbst wenn man annimmt, daß diese Entwicklungen ohnehin stattfinden und ein paar positive Auswirkungen zeitigen werden, dann ist die reduktionistische Vorgehensweise – man geht ein besonderes Problem an oder ergreift eine einzelne Maßnahme – angesichts der vielfältigen Formen der menschlichen Krise jedoch eher ein Teil des Problems als ein Beitrag zu seiner Lösung. In seinem Innersten fühlt der Durchschnittsbürger, daß dies stimmt, und er befürchtet, daß die versprochenen Vorteile mit hohen Kosten verbunden sind und daß sich im voraus kaum abschätzbare Hindernisse auftun werden. Es ist also höchste Zeit, offen zu sagen, daß sich das, was wir heutzutage tun, fast ausschließlich im Kurieren von Symptomen und Erscheinungsformen der Krise erschöpft, daß wir deren Ursachen aber mitnichten bekämpfen und daß wir, wenn wir „Kurs halten", wahrscheinlich immer tiefer in den Strudel des Verfalls geraten. Die schlimmste Folge des Irrglaubens, wonach uns letztendlich ein Ausweg aus all den Krisen gewiesen wird, besteht jedoch darin, daß er uns vom Kern des Problems ablenkt. Denn er verschleiert die Tatsache, daß unsere Krise eine kaum greifbare und bislang noch unfaßbare, aber fundamentale Ursache hat, die in uns selbst liegt und so stark wirkt, daß sie all unser ansonsten unerklärliches Mißgeschick verursacht. Diese Ursache ist *unser Zustand innerer Unordnung*.

Dieser Schwachpunkt in uns ist es, der den modernen Menschen und damit unsere ganze glorreiche Zivilisation so verwundbar macht. Und wir sind es vor allem deswegen, weil wir uns unverändert auf unsere altmodischen und verkehrten Vorstellungen von uns selbst, unserer Umwelt und unserem Platz in ihr verlassen. Dadurch denken und handeln wir unzusammenhängend. Und ironischerweise steht unser Denken und Handeln gerade dadurch nicht in Einklang mit der Welt, daß wir vermehrt in alles und jedes eingreifen und die ganze Welt verändern in der Meinung, sie dadurch unseren Wünschen und Bedürfnissen gemäßer zu machen. Mit unserem fehlenden Gleichgewicht, unserer persönlichen Unsicherheit und unseren privaten Spannungen stecken wir unser soziales Umfeld und die ganze Gesellschaft an, so daß die Auswirkungen vielfach verstärkt auf uns als Individuen zurückschlagen.

Die Prozesse, die Grund und Folge unserer inneren Unordnung und unseres unfairen Umgangs mit unserer Umwelt sind, wurden in Gang gesetzt von den materiellen Revolutionen, welche den phänomenalen Wandel verursacht haben, aufgrund dessen sich unser Zeitalter so grundlegend von allen vorhergehenden unterscheidet. Die beeindruckendste Veränderung war diejenige, daß wir in kurzer Zeit unerwartet viel Wissen und Macht erworben haben. Wir müssen jedoch erkennen, daß wir uns an alldem so berauscht haben, daß wir uns aufgrund dieser Entwicklung fälschlicherweise für den Nabel der Welt halten. Leider *fehlt es uns an neuer visionärer Kraft und Weisheit, um unser neues Wissen und unsere neue Macht richtig einsetzen zu können.* Indem wir sie entweder für extravagante Zwecke gebrauchen oder sie schlicht mißbrauchen, verursachen wir schwerwiegende Veränderungen in unserer ganzen Umwelt. Je mehr wir unser Wissen und unsere Macht vermehren, desto eher gefährden wir uns.

Darüber hinaus sind wir versucht, unsere neuerworbene Stärke beinahe ausschließlich zur Schaffung von Wohlstand zu nutzen, übersehen dabei alle geistigen oder ethischen Überlegungen und lassen unsere besten Talente auf moralischem, sozialem und ästhetischem Gebiet brachliegen. Wir konzentrieren uns im wesentlichen auf die äußeren Dinge, die uns erfreuen, vernachlässigen darüber unsere Innenwelt und machen auf diese Weise ihre Fehler bzw. ihr fehlendes Gleichgewicht nur noch schlimmer. Alles, worauf wir uns früher verlassen haben – die traditionelle Erfahrung, die allgemein anerkannten Bezugsrahmen und Urteilsweisen, die in Jahrhunderten gewachsene Weisheit –, wird in Frage gestellt und über den Haufen geworfen, obwohl keinerlei Ersatz da ist, der wertvoll genug wäre, um das Vakuum ausfüllen zu können. Die alles durchdringende Krise, mit der wir ringen, ist das bittere Produkt der Unordnung in unserem Inneren, und sie wächst und gedeiht auf diesem Humus.

Wir müssen uns daher klarmachen, daß unsere ganze wunderbare mechanische und elektronische Zivilisation, die wir so hartnäckig hegen und pflegen, die jahrhundertealten Grundlagen unserer Kultur zwar von Grund auf erschüttert hat, aber nicht in der Lage oder willens war, sie neu zu ordnen und mit neuer Kraft zu beleben. Diese Einsicht dämmert langsam bei vielen Menschen. Sie spüren die gefahrvolle Enge, in die wir uns selbst hineinmanövriert haben und merken, wie dringend wir eine starke Stütze in Form neuer moralischer und intellektueller Energien sowie eines neuen Selbstbewußtseins brauchen. Denn unser Innenleben muß wieder ein sicherer Hafen und ein verläßlicher Führer in schweren Zeiten werden. Nur ein neuer Humanismus, der kompromißlos an seinen idealen Beweggründen festhält und dabei zugleich in Übereinstimmung mit den technischen Gegebenheiten von heute bleibt, kann uns bei dieser epochemachenden Rekonstruktion unseres Innenlebens behilflich sein. Dieser Humanismus sagt uns, daß wir mit unserer Rettung bei uns selbst beginnen müssen, er gibt uns aber auch die nötige Kraft für die nächsten schweren Aufgaben und die Prüfung der alternativen Wege in die Zukunft. Diese Wiedergeburt des menschlichen Geistes in Zeiten schwerer Not nenne ich *die menschliche Revolution.*

Das Konzept einer revolutionären Erneuerung von innen heraus ist nicht rein utopisch; es reagiert auf das grundlegende Bedürfnis, zu überleben und die Selbstzerstörung zu vermeiden, und zugleich formuliert es eine kulturelle Evolution, die wir durchaus in Angriff nehmen können. Es gehört in den Bereich der *Realutopien,* auf die wir setzen müssen, um uns aus unserer gegenwärtigen mißlichen Lage zu befreien. Daß dieses Konzept sich erst allmählich und noch ziemlich verworren entwickelt, liegt nicht allein an seiner komplexen Struktur, sondern auch daran, daß wir uns zwar dessen bewußt sind, wie sehr wir unsere Umwelt verändert haben, aber erst widerwillig erkennen, daß diese Veränderungen die Lage der Menschheit heute und morgen immer mehr verschlechtern. Und wir sind noch weniger bereit zuzugeben, daß die grundlegende Veränderung, die erforderlich ist, um diese nachteiligen Wirkungen außer Kraft zu setzen, in unserem Inneren stattfinden muß. Welche Gründe das auch immer sind und wie paradox es erscheinen mag, so brauchen wir doch erwiesenermaßen eine regelrechte Lektion, um zu wissen, wie es mit uns in dieser schönen oder doch nicht ganz so schönen neuen Welt weitergehen soll.

Die wichtigste Lektion besteht, wie ich noch einmal betonen möchte, darin, daß wir in Einklang mit unserer teils natürlichen, teils künstlichen Umwelt leben müssen und diese daher nicht nach Belieben verändern dürfen. Das heißt: Wo immer wir uns in natürliche Systeme einmischen oder ihnen die unsrigen überstülpen – und das tun wir praktisch jeden Tag –, müssen wir äußerste Zurückhaltung üben und so verantwortungsvoll handeln, daß wir alle möglichen Folgen für die Außenwelt und unsere diesbezügliche Anpassungsfähigkeit gründlich einschätzen. Die menschliche Revolution soll aber nicht nur unsere eigene Entwicklung befördern, sondern uns auch in die Lage versetzen, daß wir Mechanismen der Anpassung von Mensch und Gesellschaft an die Umwelt und umgekehrt erfinden. *Mit der Natur in Frieden leben,* ist zu einer dringenden Aufgabe geworden, und zwar nicht nur aus den bereits erwähnten Gründen, sondern auch weil der Friede mit der Außenwelt voraussetzt, daß wir Menschen in Frieden miteinander leben. Ich werde noch zurückkommen auf den engen Zusammenhang zwischen diesen beiden Arten von Frieden, die heutzutage zur Vorbedingung eines sicheren Lebens geworden sind.

Auch müssen wir noch weitere Erfordernisse in Rechnung stellen, wenn wir die komplexen Transformationsprozesse verstehen wollen, die wir verursachen und die unser Leben entweder zum Besseren oder zum Schlechteren verändern, und das gilt natürlich erst recht, wenn wir uns daran anpassen und sie schließlich unter unsere Kontrolle bringen wollen. Dabei müssen wir unbedingt *das ganze menschliche System in seinem globalen Umfang* betrachten. Denn in einer Situation wachsender weltweiter Interdependenzen kann es nur in die Irre führen, wenn wir in den alten Bahnen denken und nur wenige Nationen wie etwa Westeuropa oder Japan analysieren. Genauso fehlerhaft wäre es, sich auf die beiden Supermächte zu konzentrieren, als ließe sich das Schicksal der ganzen Menschheit unter deren Alternativen subsumieren, oder zu glauben, irgendeine Nation oder eine Gruppe von Nationen ließe sich irgendwie vom Rest der Welt trennen. Und verfehlt ist auch unsere Neigung, die Probleme der Wirtschaft oder der Energieressourcen von denen der militärischen Sicherheit oder der Machtstruktur der Welt zu trennen, als könnte man eines dieser Probleme unabhängig von den anderen angehen. Jedes einzelne Problem bzw. jede Gruppe von Problemen müssen wir in einem größeren Kontext sehen, der noch sehr viele andere Probleme umfaßt; es bedarf einer einheitlichen Betrachtung des ganzen menschlichen Systems, wenn wir die neue Kategorie von Makro-Problemen verstehen und bewältigen wollen, die es jetzt schon gibt und die in Zukunft noch zahlreicher und bedrohlicher auf uns zukommen wird.

Auch müssen wir in *langfristigen Perspektiven* denken. Da die Dinge sich heutzutage immer schneller entwickeln, türmen wir nur immer größere Schwierigkeiten vor uns auf und verschärfen die Krisen von morgen, wenn wir uns auf momentan oder kurzfristig vorliegende Ergebnisse kaprizieren und den Rest einfach unter den Teppich kehren. Statt dessen müssen wir kontinuierlich feststellen, welche Aus- und Rückwirkungen diese Handlung oder jene Unterlassung heute auf unsere fernere Zukunft hat; und soweit wir dies vorhersehen können, müssen wir darauf achten, ob die Wirkung nicht davon abhängt, wie wir es tun. Derart langfristige Überlegungen sollten sich nicht auf die Projektion gegenwärtiger Trends auf die nächsten paar Jahre oder Jahrzehnte beschränken und nur ein paar geringfügige Korrekturen einplanen, denn wir stehen wahrscheinlich am Anfang einer Periode deutlicher Diskontinuitäten. Der Großteil dieser Diskontinuitäten läßt sich nicht in dem Sinne antizipieren, daß wir wüßten, wann es wo wie dazu kommen wird. Andererseits dürfen wir aber auch nicht so tun, als wüßten wir nicht, welche Diskontinuitäten oder welche Veränderungen sich sehr wahrscheinlich vollziehen und daß sie unsere Zukunft spürbar, wenn nicht entscheidend beeinflussen können. Wir müssen uns also darauf vorbereiten, diese Zusammenhänge als wahrscheinliche Entwicklung in

Rechnung zu stellen, und wir müssen Mittel und Wege finden, um sie in unserem Denken so früh wie möglich zu antizipieren. Zugleich müssen wir aber auch versuchen, die wahrscheinlichen langfristigen Effekte unserer Taten und Unterlassungssünden dingfest zu machen.

Hinzukommt die Frage des *rasch anwachsenden, unübersichtlichen Geflechts von Komplexitäten,* mit der wir täglich überall auf der Welt konfrontiert sind. Wir haben unsere künstlichen Systeme rücksichtslos perfektioniert und erweitert und sie dadurch sehr viel komplizierter gestaltet, als sie früher waren. Eine ganze Latte von neuen Diversifizierungen, Dimensionen, wechselseitigen Zusammenhängen, Überlappungen, Spannungen, Instabilitäten und Unsicherheiten stellen selbst das Geschick und die Erfindungskraft von erstklassigen Spezialisten ernsthaft auf die Probe und Normalsterbliche natürlich erst recht vor Probleme, die ihr Fassungsvermögen bei weitem übersteigen. Wenn wir die menschliche Krise in ihrer ganzen Tragweite betrachten, dann wird der Komplexitätsgrad, den der Durchschnittsbürger ertragen und an den er sich anpassen kann, heute sicher oft überschritten; daher müßte man für die Zukunft ein Maximum festlegen und dann jeweils entscheiden, ob und wann wir es überschreiten wollen.

Im Laufe seiner Evolution mußte der Mensch immer mit Grenzen und Beschränkungen umgehen; diese waren materieller, religiöser, politischer, sozialer und psychologischer Natur. Diese Grenzen und Beschränkungen unterschieden sich nach den jeweiligen Bedingungen oder den von Kultur zu Kultur verschiedenen Auffassungen über Gut und Böse, und die Menschen haben seit Urzeiten darüber nachgedacht. Die moderne Welt ist nun aber so komplex geworden, daß wir in einem Mahlstrom von Definitionen zu versinken drohen, ja überhaupt nicht mehr wissen, wie wir uns verhalten sollen. Wenn wir etwas wissen sollen, dann müssen wir es in einfacher Form mitgeteilt bekommen. Daher bedarf es äußerster Anstrengungen, um Mittel und Wege zu finden, durch die extrem komplexe Sachverhalte in einfache, verstehbare Begriffe gefaßt werden – wozu die Philosophen und Denker der Vergangenheit durchaus in der Lage waren.

In der Geschichte der Menschheit war es nie zuvor notwendig, sich einen Überblick über alle Weltgegenden und alle menschlichen Probleme sowie deren alternative Lösungen zu verschaffen und dabei noch deren wechselseitige Zusammenhänge und langfristige Entwicklungen zu berücksichtigen; die Aufgabe, die wir bewältigen müssen, ist also ganz neu, und niemand hat bislang versucht, sie zu lösen. Wir sollten uns auch nicht davon einschüchtern lassen, daß wir so vielen Anforderungen genügen und so viele verschiedene Parameter beachten müssen; auch sollte uns die Tatsache nicht entmutigen, daß die Verfahren zur Analyse der Eigenschaften und Entwicklungsprozesse des globalen Systems nur allmählich so weit ausgearbeitet werden können, daß wir sie vernünftig zu kontrollieren vermögen. Es macht auch nicht viel aus, daß wir einige Zeit brauchen, um uns in der neuen Gangart zurechtzufinden, daß wir bei unseren ersten Schätzungen mit groben Annäherungswerten arbeiten müssen oder daß unsere Urteile bzw. Schlußfolgerungen eine ganze Zeitlang rein vorläufigen Charakter haben werden. *Es kommt darauf an, diese Arbeit anzupacken,* denn wenn wir dabei die richtige Richtung einschlagen, dann gewinnen positive Entwicklungen von sich aus die nötige Kraft.

Angesichts der Faktoren und Phänomene, die für die globale Krise verantwortlich sind und sie daher durch ihr Zusammenwirken verschärfen können, dürfen wir auf keinen Fall in unserem jetzigen Zustand des Unwissens und der Apathie verharren. Statt dessen müssen wir diese Faktoren und Phänomene erkennen, dingfest machen und überwachen; dazu bedarf es, wie ich bereits angedeutet habe, eines tiefschürfenden und weitreichenden, ganzheitlichen und planetarischen Vorgehens. Natürlich müssen praktisch überall auf der Welt tausend Sachen getan werden, um die lokalen und regionalen Probleme nicht ganz unerträglich werden zu lassen und um anders gearteten Erfordernissen zu entsprechen; doch ist es unsere vordringlichste Aufgabe herauszufinden, welchen

Punkt wir global erreicht haben und wohin die Trends von heute uns alle drängen. Nur wenn wir uns klarmachen, daß wir den falschen Weg eingeschlagen haben, wie groß die Gefahren sind und daß sie alles, was wir sind und haben, bedrohen, können wir die nötige Energie und die nötige Willenskraft aufbringen, die wir für eine Umkehr brauchen. Nur die nackte Wahrheit über unsere Lage kann uns ein Ansporn sein für Ideen, Entwürfe und große Synthesen, die eine heterogene Weltbevölkerung von mehreren Milliarden Menschen davon zu überzeugen vermögen, daß sich die Risiken und Opfer lohnen, die nötig sind, um die Menschheit auf einen neuen Kurs zu bringen.

Sobald wir uns selbst und die Welt so betrachten, haben wir bereits mit einer tiefgreifenden kulturellen Evolution begonnen. Und dieser Weg führt uns schließlich notwendig dazu, daß wir *einen zweiten prüfenden Blick auf uns selbst werfen.* Wir, die Protagonisten dieser Evolution, müssen unsere geistige Verwirrung und unsere armseligen Taten analysieren. Denn wir haben uns bislang nur widerwillig auf eine kritische Selbstanalyse eingelassen, und wir waren auch nicht wirklich daran interessiert zu erfahren, wie wir um Himmels willen ausgerechnet in diesem goldenen Zeitalter wissenschaftlicher Höchstleistungen und breiter Volksbildung einen Punkt erreicht haben, an dem vielleicht sogar das Überleben der ganzen Menschheit auf dem Spiel steht.

Die Aufgabe, die vor uns liegt, ist also alles andere als einfach, obwohl wir die alte Spruchweisheit: „Erkenne Dich selbst!" gern im Munde führen. Der Hindernisse gibt es viele: unsere Unlust, in uns zu gehen, unangebrachter National- oder ethnischer Stolz, die Tendenz der herrschenden Klassen, die von ihnen Beherrschten von gewissen Lernprozessen auszuschließen, die schlichte Unkenntnis der Tatsache, daß man nicht nur die Qualität von Schweinen und Hühnern, sondern auch die des Menschen verbessern kann, die geringe Anzahl von Einrichtungen für die Durchführung einer derartigen Untersuchung und viele andere mehr. Doch wird uns die Macht der Dinge langfristig dazu drängen, daß wir uns selbst ins

Kreuzverhör nehmen. Und dabei werden wir nicht nur unsere Fehler und Mängel entdecken, sondern auch, daß wir *in unserem Inneren über einen reichen Schatz an bislang schlummernden Fähigkeiten verfügen.* Jedes Individuum ist nämlich von Natur aus mit Eigenschaften und Fähigkeiten ausgestattet, die bisher im Verborgenen geblüht haben, die man aber nun entdecken und entfalten kann, um den Verfall des Menschen aufzuhalten.

Der Club of Rome hat in den letzten Jahren des öfteren festgestellt, daß dieses vergessene menschliche Potential so vielfältig und vielversprechend ist, daß es wahrscheinlich – oder vielmehr sicher – alle unsere Schwächen und Beschränkungen ausgleichen kann, wenn es nur richtig entwickelt wird. Es kann die Trumpfkarte werden, mit der die Menschheit der Sache eine andere Wendung gibt. Dieses unglaublich reichhaltige Erbe besteht in der angeborenen Findigkeit und lebenspraktischen Intelligenz, über die jedes menschliche Wesen verfügt – obwohl unsere Spezies dieses Erbe bislang nur mißbraucht und verschwendet hat.

Unsere latenten Fähigkeiten wie Verständnis, Vorstellungskraft, Mitleid, Solidarität und Kreativität, unsere grundsätzliche Lernfähigkeit, unser brachliegendes Geschick, unsere moralischen Energien und anderes mehr – all diese Potenzen lassen sich zweifelsohne für gute Zwecke stimulieren, sorgfältig entwickeln und mobilisieren. Die Existenz dieses schlummernden menschlichen Potentials ist wissenschaftlich erwiesen; und es existiert nicht nur in Form von Myriaden Neuronen in unserem Gehirn, sondern läßt sich auch aus seinem jetzigen Dämmerschlaf erwecken, um unsere größte Hilfsquelle zu werden. Es handelt sich in der Tat um außerordentliche Ressourcen, und noch dazu um welche, die sich nicht nur immer wieder neu bilden, sondern auch noch vermehren lassen. Das vordringlichste Ziel der menschlichen Revolution und zugleich ihr weitaus bedeutendstes Ergebnis ist also *die volle Entfaltung unserer innersten Fähigkeiten.*

In einem weitgefaßten anthropologischen Sinn erscheint die Entwicklung des Menschen als der fundamentalste Imperativ dieses neuen Zeitalters. Dieses Konzept zielt auf die kulturelle Förderung und den Fortschritt der ganzen Persönlichkeit und ist darin umfassender und anspruchsvoller, als es der Bedeutungsgehalt von „Entwicklung" im normalen Sprachgebrauch umfaßt. Die Vorstellung, die normalerweise unsere Entwicklungsziele bestimmt, hängt eng zusammen mit der menschlichen Bedürfnisbefriedigung, ist ihrem Charakter nach also wesentlich utilitaristisch. Daß die bedürfnisorientierte Entwicklung in der Welt von heute Vorrang hat vor der menschengerechten Entwicklung, ist aber durchaus verständlich, denn erstere ist ein Teil des Kampfes, den die benachteiligten Bevölkerungsgruppen jeder Nation und das „internationale Proletariat" als Ganzes in der Hoffnung auf ein besseres Leben und eine gerechtere Gesellschaft führen.

Wenn man statt dessen eine kulturelle Entwicklung anstrebt, dann erfordert dies eine gelassenere und selbstkritischere Analyse der verschiedenen Aspekte des menschlichen Schicksals – ein schwierigeres, aber nichtsdestotrotz notwendiges Unterfangen allein schon aus dem Grund, um der Art von Entwicklung endlich zum Erfolg zu verhelfen, von der die Armen träumen.

Mein Konzept geht im wesentlichen davon aus, daß die Entwicklung des gesamten menschlichen Potentials die Basis für den Fortschritt der menschlichen Gesellschaft darstellt, und diese Entwicklung nützt nicht nur langfristig der sogenannten ökonomischen und sozioökonomischen Entwicklung, sie ist darüber hinaus allein in der Lage, unsere ökonomischen Aktivitäten auf die ökologischen Grundlagen zu stellen, die sie auch in Zukunft benötigen. Denn nur wenn wir uns kulturell entwickeln, können wir wirklich verstehen, wie wichtig es ist, daß wir unsere Beziehungen zur Umwelt wieder auf gesunde, tragfähige Grundlagen stellen – und das macht sich im übrigen auf die Dauer auch ökonomisch bezahlt. Wenn wir die ökonomische Entwicklung in der Form weiterbetreiben, wie wir es heute tun, dann negieren wir deren Folgen für die Umwelt und bürden die Kosten ganz einfach künftigen Generationen auf.

Daneben sprechen noch weitere Gründe ethischer, politischer und psychologischer Natur für das Streben nach einer allumfassenden Entwicklung. Der wichtigste ist vielleicht der, daß allein eine solche Entwicklung die Menschen langfristig dazu anspornen kann, eine aktive Rolle bei der Bewältigung gesellschaftlicher Probleme zu spielen. Und das wird sie nicht nur befriedigen, sondern es ihnen auch ermöglichen, ihrer Persönlichkeit in ihrem gesellschaftlichen Umfeld Ausdruck zu verleihen und zugleich einen Beitrag zum Allgemeinwohl zu leisten.

Eine wohlausgewogene kulturelle Entwicklung stellt eine wichtige Voraussetzung für alle anderen Arten von Entwicklung dar, denn es kann keine sinnvolle ökonomische, soziale oder technologische Entwicklung geben, solange die Menschen selbst unterentwickelt bleiben. Wir müssen unser ganzes Sein durch eine dynamische menschliche Revolution auf ein höheres Niveau heben, wenn wir langfristig die unserer Kontrolle entglittene materielle Revolution stoppen und sie schrittweise und aufeinander abgestimmt auf ausgewählte Ziele richten wollen.

Es versteht sich von selbst, daß die Maßnahmen, die nötig sind, um einer riesigen Zahl von Menschen den Weg zu ihrer eigenen Entwicklung zu weisen, *äußerst schwierig* zu treffen sind; nichtsdestotrotz sind sie *im Grunde genommen* aber auch *ganz einfach.* Auf diesen Punkt kommt es wirklich an. Denn trotz all seiner Neuheit und Kühnheit liegt das Unterfangen, die menschlichen Fähigkeiten stärker zu fördern als bisher, immer noch im Bereich unserer Möglichkeiten. Der Grund für diesen offenkundigen Widerspruch liegt darin, daß alle Faktoren vorhanden sind, die man braucht, um diese Entwicklung in Gang zu setzen und fortzuführen, denn sie gehören zu unserem natürlichen geistigen Rüstzeug und sind bislang nur nicht beachtet oder vernachlässigt worden. Das ganze Unternehmen hängt also im wesentlichen von unserer Erfindungskraft und unserem Können ab, die uns bekanntlich bereits in anderen Notlagen gute Dienste erwiesen haben. Wir müssen nun ein weiteres Mal auf sie zurückgreifen und unsere Fähigkeiten darauf konzentrieren, eine neue Kultur zu schaffen und dadurch ein nützliches Bindeglied zwischen unseren Vor- und unseren Nachfahren zu werden.

Ich bin an anderer Stelle* auf die Machbarkeit dieses Unterfangens eingegangen und habe in ein paar Grundzügen skizziert, wie es in Angriff genommen werden sollte. Daher werde ich mich hier nicht dazu äußern.

Dennoch möchte ich von vornherein klarstellen, daß ein solch hochgestecktes Ziel nicht zu erreichen und unsere Fahrt in eine düstere Zukunft nicht zu stoppen ist, wenn wir verzweifeln und den Mut verlieren. Denn wir können unsere Lage unmöglich verändern, wenn wir davon überzeugt sind, daß der Mensch von heute nicht über seine inneren Beschränkungen hinauswachsen kann und daß er deswegen nicht imstande ist, sich von dem falschen Stolz und den Vorurteilen zu befreien, die ihn an den Rand des Abgrunds gebracht haben. Wenn wir annehmen, daß die Katastrophe schon vorprogrammiert und der Versuch, sie zu verhindern, ziemlich zwecklos ist, dann haben wir uns bereits in die Niederlage gefügt, bevor wir auch nur irgend etwas dagegen unternommen haben.

Wir müssen jede Form von Defätismus bekämpfen und uns ein realistisches Bild von den menschlichen Ressourcen machen, denn diese sind nicht nur allgegenwärtig und reichlich vorhanden, sondern lassen sich auch entwickeln und entfalten. Nur wenn wir das berücksichtigen, wird unser Vorhaben wertvoll und immer lohnender. Wichtig ist, daß sich nicht nur die maßgeblichen Personen, die politische und sonstige Obrigkeit, diese Überzeugung zu eigen machen, sondern daß diese auch den Verstand und die Herzen der gewöhnlichen Bürger erfaßt. Heute müssen in erster Linie jene Leute, die Verantwortung für Entscheidungen tragen, stets daran denken, daß die primäre Pflicht und das primäre Interesse der Weltgesellschaft – und auf niedrigerer Ebene des Landes, der Gemeinschaft, der Gruppe oder Familie – nur darin liegen kann, in jeder Weise und mit allen möglichen Mitteln die Qualität aller ihrer Glieder zu verbessern, ihre Einstellung individuell und kollektiv zu

* *Die Qualität des Menschen,* Stuttgart 1977.

modernisieren, zu intensivieren, zu verfeinern, ihnen die Eignung zu vermitteln, nach den Umständen ihrer Zeit zu leben. Die besten Energien, jede erforderliche Summe müssen mit absoluter Priorität in die Aufgabe investiert werden, die Formung und Entwicklung der Menschheit zu fördern. Die Welt muß auf sich selbst und ihre Fähigkeiten vertrauen, wenn sie eine bessere Zukunft gestalten will. Die Entwicklung unserer eigenen Fähigkeiten ist der natürliche Ausgangspunkt für die Schaffung dieses Selbstvertrauens, und darüber gewinnen wir auch die Einsicht, daß der große Sprung auf ein höheres Entwicklungsniveau des Menschen, den wir wagen müssen, möglich ist. *Er ist möglich – wenn wir es wollen.* Diese Überzeugung zu gewinnen, ist sowohl die Voraussetzung als auch der erste Schritt zu einer konstruktiven Alternative.

Einer der wichtigsten, wohltuenden Effekte der menschlichen Revolution wird der sein, daß sie erstmals den Weg frei macht für einen echten Frieden. Dank unserer kulturellen Neubesinnung werden wir unser gigantisches Militär- und Sicherheitspotential im grellen kritischen Licht des gesunden Menschenverstandes und der Moral überprüfen und dabei die für unfriedliche Zwecke nützlichen Halluzinationen zutage fördern, die die Realität verzerrt und unsere niedrigen Leidenschaften angestachelt haben. Durch die Vorspiegelung falscher Tatsachen hat das Establishment nämlich bislang alle Möglichkeiten, in der menschlichen Gesellschaft Frieden zu schaffen, durchkreuzt. Durch unsere neue Perspektive werden wir zugleich die wahren und gültigen, wenn auch strengen Bedingungen entdecken, die sich die Erdbewohner setzen müssen, wenn sie in den nächsten Jahrzehnten die Devise „leben und leben lassen“ praktizieren wollen.

Die Heraufkunft einer wahrhaft friedlichen Gesellschaft in einer vom Krieg befreiten Welt ist nur denkbar als ein langer und beschwerlicher Prozeß. Die konfliktträchtige Gesellschaft von heute macht sich noch immer vor, daß sich Sicherheit durch Investitionen in moderne Rüstungsgüter erkaufen und der Frieden durch Geheimformeln bei vertrackten Abrüstungsverhandlungen heraufbeschwören läßt, wo es sich doch um Kriegsvorbereitung für den Fall handelt, daß die politischen Probleme unlösbar werden oder der Sieg als allzu verlockend erscheint. Um wirklich friedlich zu werden, muß diese Gesellschaft einen Prozeß tiefgreifender kultureller Reifung durchmachen. Die neue Gesellschaft wird wahrscheinlich aus einer inneren Evolution der alten hervorgehen, ähnlich wie bei der Metamorphose der Raupe, die sich verpuppt, damit dann aus dem Kokon der Schmetterling schlüpft – ein Prozeß, in dem jedes Stadium bereits einige Merkmale des folgenden aufweist. Der wichtigste Katalysator für diese Evolution wird wahrscheinlich darin bestehen, daß die Menschen wahrnehmen, wie sie sich allmählich von dem drohenden Abgrund entfernen. Rückblickend werden wir uns dann alle wundern, wie die Welt nur jahrzehntelang so verrückt gewesen sein kann, daß sie ihr Schicksal der Bombe anvertraut und die talentiertesten Menschen dazu angehalten hat, die Waffen für die Massenvernichtung der Menschheit noch perfekter zu gestalten. Das neue Zeitalter wird heraufdämmern, wenn der moderne Mensch erwacht und feststellt, daß seine Macht ein so überwältigendes Ausmaß angenommen hat, daß er sie nicht mehr für kriegerische Zwecke einsetzen darf. Wohl oder übel sieht er sich um seines Überlebens willen gezwungen, friedliebend und friedlich zu werden. Dann gibt es keinerlei Mittel mehr, um den Krieg als nützliche oder patriotische Tat zu tarnen. Dann gilt der Weltfrieden als ein Imperativ, der über jeden Zweifel erhaben ist.

Wenn wir unsere Lage gründlich neu beurteilen und uns Gedanken machen, wie wir sie sicherer und qualitativ besser gestalten können, dann tauchen wahrscheinlich inmitten all der Schwierigkeiten einige positive Phänomene auf, die von großer Bedeutung sind und uns zum Weitermachen ermutigen. Ich meine damit insbesondere die Verbreitung, Annäherung und Zusammenarbeit der drei großen Basisbewegungen, die die menschliche Gesellschaft gewaltfrei machen wollen.*

* Vgl dazu *Der Weg ins 21. Jahrhundert,* Berichte an den Club of Rome, München 1983.

Es handelt sich dabei um die Bewegungen für den Natur- und Umweltschutz, den Frieden und die Menschenrechte, die überall auf der Welt entstanden und vielfach nur die Spitze eines Eisbergs sind, der unter der Oberfläche ungeahnte Dimensionen hat. Noch eine vierte Bewegung schwelt fast überall, ich sage schwelt, weil sie sich bislang noch kaum mit einer Stimme äußern konnte. Sie ist zahlenmäßig viel größer als die ersten drei, wird von ganz verschiedenen Motivationen getragen und manchmal sogar durch gegensätzliche Interessen gespalten, was sie bislang an der vollen Entfaltung ihrer Potenzen gehindert hat. Es handelt sich um die weltweite Bewegung für soziale und ökonomische Gerechtigkeit, von der ich bereits gesprochen habe und die wahrscheinlich erst dann einen größeren Zusammenhalt und mehr Einfluß bekommen wird, wenn die menschliche Revolution sich ihr anschließt und sie mit breiter intellektueller Unterstützung und kohärenten politischen Konzepten versorgt.

Es würde den Rahmen dieses Buches sprengen, wenn wir die Aussichten und den möglichen Einfluß dieser Bewegungen im einzelnen diskutieren würden. Lassen Sie mich nur so viel sagen, daß ihre Bedeutung und ihre potentielle Stärke wahrscheinlich darin liegen, daß sie kein Geistesprodukt der herrschenden Klassen sind. Sie sind an der Basis der Gesellschaft entstanden und damit sehr volksnah. Das zeigt, daß das gesellschaftliche Leben in vielen Gemeinden trotz – oder wegen – der Unsicherheiten und Ängste, die diese Welt am Ende dieses Jahrhunderts bewegen, noch unerwartet lebendig ist und daß die Gesellschaft mit diesen Bewegungen etwas Ähnliches produziert wie die „Antikörper“ in einem kranken Organismus, nämlich Elemente, die die Krankheiten bekämpfen.

Zusammenfassend läßt sich sagen: All diese Basisinitiativen arbeiten zwar verstreut und unkoordiniert, sind aber dennoch der ermutigendste Beweis dafür, daß das öffentliche Bewußtsein mehr und mehr ein Gewissen entwickelt und nach einer sauberen und gerechteren Gesellschaft verlangt, in der es sich leben läßt – ein gesundes Saatgut für die menschliche Revolution.

Nichtsdestotrotz gibt es bei dieser Revolution noch eine zentrale Frage, die wir im hektischen Getriebe des Alltags lange nicht gestellt haben, vor der wir uns aber nun nicht mehr drücken können. Mit dieser Frage formulieren wir unsere Unsicherheit über das Ziel unseres Daseins als Menschen – eine Unsicherheit, die um so größer wird, je mehr wir unseren Gesichtskreis erweitern. Welchen Weg sollen und können wir als Gattung Mensch einschlagen, wenn wir unsere visionäre Kraft und unsere Weisheit zum Maßstab unseres außerordentlich großen Wissens und unserer wachsenden Macht erheben? Was sollen wir angesichts dieser erstaunlichen Fähigkeit mit uns selbst anfangen, und was wollen wir in der Welt erreichen? Wir stehen bestürzt vor einer völlig neuen Lage, die nicht nur für uns, sondern die auch für alles in der Welt ungeahnte Folgen hat.

Ich für meinen Teil habe jedenfalls ein wenig Angst. Doch weiß ich zugleich, daß es müßig wäre, all dies zu ignorieren, weil diese Schlüsselfrage uns beständig und überall verfolgt und uns zu Antworten drängt. Ich verstehe, daß es unmöglich ist, diese Frage unbeantwortet zu lassen, bis wir mehr wissen, denn wir müssen jetzt nach bestem Wissen und Gewissen die Verantwortung für uns und die Welt übernehmen, wenn wir die Zukunft des Menschen sichern wollen.

Der Club of Rome beschäftigt sich seit ein paar Jahren mit diesen Problemen. Da sie immer drängender geworden sind, glaubten wir, etwas tun zu müssen, um den Krisen in der Welt entgegenzuwirken. Wir beschlossen, die Alternativen überprüfen zu lassen, die sich die Menschheit in der nächsten Phase ihrer Evolution realistischerweise (vor-)stellen kann. Zu diesem Zwecke haben wir eine Untersuchung in die Wege geleitet, die versuchen soll, *die wünschenswertesten Alternativen für die Zukunft* zu erarbeiten, die sich im Lichte der gegenwärtigen Situation finden lassen.

Dieses Projekt namens *Forum Humanum* legt den Schwerpunkt auf die Jugend. Erstens hat diese das größte Interesse an der Zukunft, und zweitens sind Herz und Verstand bei ihr noch unverbrauchter und daher besser geeignet, um Wege zur

Verbesserung der Welt zu (er-)finden. In verschiedenen Ländern widmen sich Gruppen junger Menschen diesem Unternehmen und analysieren die Realitäten, auf die es in der Welt am meisten ankommt – die langfristigen Entwicklungen von globaler Bedeutung, diejenigen, welche interkulturelle und interdisziplinäre Vorgehensweisen verlangen, und diejenigen, die gründliches Nachdenken und aufgeklärtes Handeln erfordern. Ihr Endziel ist ein Modell kohärenter Strukturen, das sowohl einige der positiven und möglichen alternativen Szenarios als auch einen Überblick über das enthalten soll, was wir tun müssen, um die eine oder andere dieser Alternativen zu verwirklichen. Sie hoffen, im Jahre 1985 anläßlich des Internationalen Jahrs der Jugend einige zusammenfassende Ergebnisse präsentieren zu können. Selbst wenn sie dieses Ziel nicht ganz erreichen, kommt es ihnen doch sehr darauf an, folgendes zu zeigen: die möglichen Optionen sind so zahlreich, daß die Menschheit durchaus einen günstigeren Kurs einschlagen kann, wenn sie auf die hierzu erforderlichen Schritte vorbereitet ist.

Die Arbeit und die Vorschläge dieser jungen Leute allein können die Weltlage sicher wenig bis gar nicht verändern. Sie können aber Hoffnungen wecken, indem sie zeigen, daß sich die Zukunft für alle Erdenbewohner anders gestalten läßt, und dadurch andere zur Fortsetzung der Suche nach sicheren Wegen und lebenswerteren Zielen für die kommenden Jahre und Jahrzehnte anregen. Dadurch werden immer mehr Samen für die menschliche Revolution gesät, bis dann eines Tages die Saat aufgeht. Die uralte Frage, was das Schicksal für die Menschheit vorgesehen hat, bleibt damit weiterhin unbeantwortet und wird es wahrscheinlich auch bleiben müssen. Dennoch ist die von mir beschriebene menschliche Revolution dringend nötig, da allein sie uns zu der höheren Warte verhelfen kann, von der aus wir in die Zukunft blicken können. Sie allein kann uns zu der Einsicht verhelfen, daß wir jetzt erstmals und langfristig die globale Verantwortung übernehmen und danach streben müssen, den kommenden Generationen einen bewohnbareren Planeten und eine besser regierbare

Gesellschaft zu hinterlassen, nachdem wir an Zahl, Weisheit und Macht so ungeheuer zugenommen haben, in alle Winkel unserer irdischen Heimat vorgedrungen sind und dort alles beherrschen. Sie allein lehrt uns, daß wir uns innerlich bessern und uns zu geistiger und kultureller Harmonie läutern müssen. Dank dieser menschlichen Revolution kann das Jahr 2000 zum Beginn einer der besten Epochen in der Geschichte der Menschheit werden.

Die menschliche Revolution

Dialog

Innenwelt statt Außenwelt

Ikeda: Aufgrund der bedrohlichen Weltlage plädieren Sie für eine humanistische Revolution. Mein Denken stützt sich auf die Lehren des Buddhismus, ich plädiere für eine menschliche Revolution und damit für einen Weg zur Veränderung der inneren Natur eines jeden Menschen, die wiederum zu Verbesserungen in der Gesellschaft als Ganzer führt. Durch die Entwicklung von Wissenschaft und Technologie haben die Menschen in den Industrienationen einen Lebensstil geschaffen, der so von Wohlstand strotzt, daß die Könige des Altertums und die Fürsten des Mittelalter vor Neid erblassen müßten. Der Mensch hat dieselbe hochentwickelte Technologie aber auch zum Bau von Waffen verwandt, deren zerstörerische Kapazität alles bisher Dagewesene in den Schatten stellt – und diese Waffen haben bereits einen hohen Blutzoll gefordert. Das Streben nach Wohlstand hat dem Menschen seine Werte und die Wärme der zwischenmenschlichen Beziehungen geraubt und zu Gewaltverbrechen und Verzweiflung geführt. Statt die ungeheure Macht der Wissenschaft zum Wohl der Menschheit und zur Pflege der Menschenwürde zu gebrauchen, haben kleine Gruppen von Menschen sie in den Dienst ihrer egoistischen Ziele gestellt; sie haben sie nur zur Befriedigung ihrer eigenen Wünsche und zur Sicherung ihrer Überlegenheit verwandt.

Der Buddhismus erklärt den Mißbrauch der Macht der Wissenschaft daraus, daß das Seelenleben von den Drei Giften, von Begierde, Haß und Verblendung angesteckt ist. Die Praxis des Buddhismus soll die Menschen zur Selbstkontrolle befähigen. In leichteren Fällen kann die Vernunft allein positiv auf den Geist des Menschen wirken. Doch sind viele seelische

Prozesse und Reaktionen ihrer Kontrolle entzogen. Um sie zu beeinflussen, muß man Glauben praktizieren. Meine Vorstellung von der menschlichen Revolution beruht auf der Praxis des Buddhismus. Was schlagen Sie vor, was man tun sollte, um die humanistische Revolution zu bewirken? Denken Sie dabei an eine Religion oder einen Glauben?

Peccei: Wenn ich für die Notwendigkeit einer menschlichen Revolution plädiere, dann denke ich nicht an irgendeinen Glauben, wie Sie wissen, sondern vielmehr an eine tiefgreifende kulturelle Evolution, die sich an einem neuen Humanismus orientiert, der die Menschen in diesem materialistischen, technologischen Zeitalter zugleich aufklären und ihrem Leben einen Sinn geben kann. Im Laufe unserer Diskussion hat sich dennoch herausgestellt, daß wir, trotz unserer verschiedenen Standpunkte und Ausdrucksweisen – Sie sind vom buddhistischen Glauben erfüllt, ich bin Atheist –, beide von demselben Wandel im Herzen der Menschen sprechen.

Meine Behauptung lautet: Wir alle müssen unsere Anschauungen über uns selbst, die Welt, unseren Platz in ihr und damit unsere gesamten Denk- und Verhaltensweisen von Grund auf revidieren. Ziemlich lang haben wir uns unser Handeln von den materiellen Revolutionen diktieren lassen, die es uns ermöglicht haben, global nach Belieben zu schalten und zu walten. Dadurch fühlten wir uns nur bestärkt in unserem Glauben an die absolute Vorherrschaft unserer Spezies und in unserer eigensinnigen Vorstellung vom Menschen als Krone der Schöpfung. Wir sind darüber gefährlich selbstgerecht geworden und haben unser psychologisches Gleichgewicht verloren, so daß wir nicht mehr in der Lage sind, unsere Situation und unser Verhalten (selbst-)kritisch zu analysieren. Meines Erachtens ist dies der Hauptgrund für unsere mißliche Lage. Um uns von dieser fatalen Belastung zu befreien, um umfassend einschätzen zu können, was geschehen ist und was uns noch passieren wird, und um zugleich eine objektive Selbstanalyse anzustellen, die unsere Fehler und Irrtümer zutage fördert, müssen wir zuallererst *unsere verrückte Liebe zu den materiellen Revolutionen aufgeben.*

In diesem Zusammenhang ist der Hinweis hilfreich, daß die Durchschnittsmenschen die explosive Entwicklung von Wissenschaft, Technik und Industrie ohnehin als ein exogenes Phänomen erlebt haben, als etwas, das von außen auf sie zugekommen ist, von Forschern, Erfindern und Unternehmern ins Werk gesetzt, und sie haben sie ihrer Vorteile wegen freudig begrüßt und die unangenehmen Begleitumstände für den Preis gehalten, den man für diesen Vorteil eben zu zahlen hat. Im großen und ganzen waren die Menschen aber nicht imstande, die vielfältigen Prozesse zu begreifen, die im Laufe dieser Entwicklung vor sich gegangen sind, geschweige denn deren Zweck; sie konnten daher gar nicht anders, als die Erwartung hegen, daß dieser ganze „Fortschritt" und diejenigen, die für ihn verantwortlich waren, schon in die richtige Richtung gehen.

Das blinde Vertrauen in unsere moderne Zivilisation und ihre maßgeblichen Apologeten ist erst vor kurzem durch offenkundige Exzesse und negative Nebenwirkungen erschüttert worden. Und wie es zu kommen pflegt, wenn man eine komplexe Situation näher analysiert, entdeckte man alles mögliche, was man früher nicht bemerkt hatte – einige gute, einige weniger gute und einige ganz schlechte Sachen. So kam heraus, daß die Welt in einigen Bereichen einen viel zu hohen Preis zahlt für die Vorteile, die die materiellen Revolutionen ihr bescheren. Auch wurde klar, daß es sich dabei zumindest teilweise keineswegs um Randerscheinungen, sondern um Dinge von großer Tragweite für die Zukunft des Menschen handelt – für sein Glück, seine Lebensqualität und vielleicht sogar für das Überleben der ganzen Menschheit.

Nun stellen wir alle fest, wie ungleichgewichtig unsere Lage geworden ist. Wir spüren, daß uns selbst das innere Gleichgewicht abgeht und daß wir durch unseren materiellen Reichtum geistig und moralisch ärmer geworden sind. Wir sehen auch die gefährliche Einseitigkeit unserer Gesellschaften, denn selbst unsere materiellen Vorteile, unser Wohlstand und unser ganzer Fortschritt sind innerhalb der und zwischen den Nationen sehr ungleich verteilt. Zudem liegt das Schicksal von Billionen Menschen in den Händen sehr kleiner, privilegierter Eliten, die den Ton angeben, nach dem sich jedermann, ob er will oder nicht, zu richten hat. Auch dämmert es uns langsam, daß wir mit der Natur auf Kriegsfuß stehen und uns nicht mehr darauf verlassen können, daß sie sich auch in Zukunft alles gefallen läßt. Bei alldem erkennen wir, daß die Welt noch nie zuvor von so vielen schweren Ungleichgewichten geprägt war, und wir hoffen inständig, daß sich noch etwas tun läßt, um wenigstens ein zuverlässiges Minimum an Ausgleich in unserem Selbst, unserer Gesellschaft und unserer Umwelt zu bewirken.

Ikeda: Es stimmt, daß das innere Ungleichgewicht der Menschen die von Ihnen beschriebene ungleichgewichtige Entwicklung der Gesellschaft wie der Umwelt bewirkt hat. Viele Menschen versuchen, das Gleichgewicht wiederherzustellen, doch richten sich ihre Bemühungen im allgemeinen nur auf Sofortmaßnahmen wie die Entdeckung eines Ersatzes für natürliche Ressourcen oder die Korrektur von Mängeln der sozialen Systeme durch die Entwicklung neuer. Man kann getrost sagen, daß bei kaum einem Menschen diese Maßnahmen mit Überlegungen über die Notwendigkeit einer Revolution unseres Denkens und Lebens als Menschen verbunden sind. Die Masse der Menschen verzögert jeden Wandel oder jeden Durchbruch zu neuen Ufern, indem sie mit ständig wachsender Geschwindigkeit den Weg in die Katastrophe entlangeilt. Die Fortschritte von Naturwissenschaft und Technologie sind Jahr für Jahr schwindelerregender, und jede neue Errungenschaft wird als etwas begrüßt, zu dem man sich fraglos beglückwünschen und über das man sich uneingeschränkt freuen soll.

Wir sind wie ein furchtloses Kind, das im Geschwindigkeitsrausch immer fester auf das Gaspedal eines Autos tritt. Ein verständiger Erwachsener würde Kurven oder Klippen einkalkulieren und seine Geschwindigkeit der jeweiligen Lage sowie seinem eigenen Reaktionsvermögen bei unerwartet auftauchenden Schwierigkeiten anpassen. Das Kind aber fährt weiter, ohne zu wissen, daß seine Lage unbedingt einer Veränderung bedarf. Im Falle der Menschheit ist der notwendige Wandel die menschliche Revolution.

Peccei: Es ist keine Minute zu früh für das ernsthafte Bemühen, die Situation zu verbessern. Und das vor allem, wenn man bedenkt, daß bereits neue Wellen des ,,Fortschritts" bedrohlich am Horizont anrollen, wie etwa die rasche Entwicklung und Verbreitung der Mikroelektronik, die Biotechnologien sowie neue Möglichkeiten auf den Gebieten der Raumfahrt, der Nutzung des Meeresgrundes und neuer Rohstoffe. Diese Technologien sind das vorläufig letzte Ergebnis einer Wissenschaft, die einen phantastischen Aufschwung erlebt und im wesentlichen anwendungsorientiert forscht; damit beschwört sie Entwicklungen (wie zum Beispiel die Einführung der Informatik bzw. der Roboter und die Gentechnologien) herauf, die einen unmittelbaren Einfluß auf die Gesellschaft und die Geschicke des Menschen haben – auf die sozialen Werte, die ökonomischen Strukturen, die politischen und kulturellen Systeme, die Denkhaltung der Individuen usw. Auch kann der Schaden, den sie im Falle des Mißbrauchs anrichten, sich als irreparabel erweisen. Daher mag es durchaus sein, daß die Menschheit im totalen Chaos versinkt, wenn sie dem Ansturm dieser Entwicklungen derart unvorbereitet entgegentritt, wie sie es heute ist.

Wie wir uns aus der gefährlichen Lage befreien können, in die wir uns verstrickt haben, indem wir unseren Wettlauf in die Zukunft fortsetzen, ohne zu wissen, wohin unser Weg führen soll, und wie wir Geschwindigkeit und Richtung dieses ,,Fortschritts" unserer Kontrolle unterwerfen können, ist das große Problem unserer Zeit. Es ist ein Problem, zu dessen Lösung wir alle uns in erster Linie eine große Anstrengung auf kulturellem Gebiet abverlangen müssen: wir müssen begreifen, wie wir uns in eine derart mißliche Lage hineinmanövriert haben, und wir müssen eine klare Vorstellung davon entwickeln, welche Lebensphilosophie uns einen Ausweg weisen kann und welche praktischen Handlungen es uns am ehesten erlauben, daß wir für unseren Marsch in die Zukunft wieder sicheren Boden unter die Füße bekommen. Meines Erachtens kann nur *ein starker, innovativer Humanismus* die Basis für Beginn und Vollendung dieser notwendigen Evolution sein. Er allein kann uns das Gegengewicht bieten, das nötig ist, um den triumphalen, aber unkontrollierten Lauf des sogenannten Fortschritts in Frage zu stellen, zu verlangsamen und schließlich in nützliche Bahnen zu lenken. Dieser Humanismus bildet also das Wesen der menschlichen Revolution, welche den von uns kühn in Angriff genommenen materiellen Revolutionen Sinn und Zweck verleihen kann.

Ziele und Ideale

Ikeda: Meine Vorstellung von der menschlichen Revolution stammt von Josei Toda, dem zweiten Präsidenten der Soka Gakkai.* Während des Zweiten Weltkriegs war Toda wegen seiner religiösen Überzeugungen von den militaristischen Machthabern eingesperrt. Er beharrte darauf, in Einklang zu leben mit den Lehren von Nichiren Shoshu, der orthodoxen Schule des Buddhismus, die im dreizehnten Jahrhundert von dem großen religiösen Führer Nichiren Daishonin gegründet worden war. In den dreißiger und der ersten Hälfte der vierziger Jahre bestand die japanische Regierung auf bedingungsloser Gefolgschaft gegenüber dem Shintoismus, der als die ideologische Hauptstütze der damals propagierten Ideologie des Kaiserreichs galt. Andersgläubige wurden streng bestraft; Toda schickte man ins Gefängnis.

Während seines Gefängnisaufenthalts hatte er ein tiefes religiöses Erlebnis; es veranlaßte ihn dazu, sich für den Rest seines Lebens der Aufgabe zu widmen, die Lehren von Nichiren Shoshu zu verbreiten. Er nannte dieses Erweckungserlebnis seine menschliche Revolution und erklärte später, daß eine solche Revolution entweder gut oder böse sein könne. So deutete er zum Beispiel den Wandel eines lauteren jungen Mannes zu einem Ausbund an Rachsucht, wie ihn Dumas in sei-

* Vgl. dazu: *The Human Revolution,* 4 Bde, New York/Tokio 1972–1982.

nem Roman *Der Graf von Monte Christo* schildert, als eine menschliche Revolution zum Schlechteren. Todas eigene Revolution war hingegen eine zum Besseren, da sie ihn dazu veranlaßte, sich Nichiren Shoshu zu widmen und seinen Mitmenschen damit den Weg zum wahren Glück zu weisen. Er sagte aber auch, daß eine menschliche Revolution, um gut und sinnvoll zu sein, einer klaren Überzeugung bedarf. Der Buddhismus lehrt das Streben nach völliger Unabhängigkeit; wer sie erreicht, steht im Einklang mit allen Dingen, weil er von selbstsüchtigen Wünschen oder instinktivem Verlangen Abstand nimmt und im Geiste von Liebe und Mitleid für das Glück aller Wesen wirkt. Die in dieser Art von Unabhängigkeit enthaltene Änderung und Besserung des Selbst ist ein Ziel, das alle Anhänger des Buddhismus vorrangig anstreben. Es wird von dem erreicht, der die Buddhaschaft erlangt; die Zucht, die man sich auf dem langen Weg zur Buddhaschaft auferlegen muß, ist die menschliche Revolution, und das heißt, sie ist der Fortschritt von einer selbstsüchtigen Lebensweise hin zu einer, die sich am Wohl der ganzen Gesellschaft sowie dem aller Lebewesen orientiert.

Die Revolution kann nicht stattfinden ohne eine klare Überzeugung. Auf welcher Überzeugung beruht Ihres Erachtens die humanistische Revolution?

Peccei: Eines der Ziele der Revolution, für die ich plädiere, ist eine bessere Vorbereitung der Leute auf den Umgang mit der Komplexität der gegenwärtigen Welt, mit der Interdependenz von allem und jedem und mit den ungewohnten Herausforderungen, vor die sowohl das Individuum als auch die Gemeinschaft gestellt sind – gleichgültig, ob sie reich oder arm sind, ob sie im Osten, Westen, Norden oder Süden leben.

In früheren Epochen waren die Aufgaben, die unsere Vorfahren zu lösen hatten, zweifelsohne leichter, und diese konnten sich dabei mehr Fehler leisten. Im großen und ganzen haben sie die Probleme aber trotz ihres beschränkten Wissens und der knapperen Mittel erstaunlich gut bewältigt. Wenn wir sehr weit zurückblicken, wundern wir uns darüber, wie es die primitiven Menschen, die sehr wenig über ihre Jagdgründe bzw. ihr Tal und gar nichts über ihre weitere Umgebung wußten, fertiggebracht haben, genug Erfahrungen zu sammeln und weise genug zu werden, um zu überleben. Sie waren mit Sonne, Wind, Regen und den Jahreszeiten vertraut, richteten ihre Tätigkeiten danach ein und kamen mit allen Tieren und Pflanzen aus ihrer Nachbarschaft zu Rande, einschließlich der potentiell gefährlichen wie etwa der Schlangen. Wir haben die Erde umgestaltet, damit sie unseren Bedürfnissen gemäß wird, die meisten anderen Lebewesen entweder ausgerottet oder gezähmt, und wir stopfen jeden Erdenwinkel voll mit Maschinen und Instrumenten, die weitaus gefährlicher sind als Schlangen; wir müssen jedoch erst lernen, mit dieser veränderten Umwelt in Einklang zu leben.

Es genügt jedoch nicht, bloß zu leben. Denn der Mensch sollte mehr sein wollen als ein konsumorientierter biologischer Organismus, dem es wirtschaftlich gut geht, weil er die Wohltaten der Natur dank seiner Erfindungskraft für die Herstellung hochentwickelter Gegenstände nutzen kann. Von Geburt an ist der Mensch mehr als ein Konsument und Produzent. Er ist ein geistiges Wesen, das Träume hat, Mythen liebt und mit Gott in Beziehung treten will; er ist ein spielerisches Wesen, ein Dichter, ein Erfinder und ein Künstler voller Neugier und mit vielfältigem Geschick, der mehr zu sein verdient als der Meister und Gefährte seiner Werkzeuge.

Nur die menschliche Revolution kann unser inneres Potential zutage fördern, uns so recht spüren lassen, wer wir wirklich sind, und uns dazu bringen, daß wir uns demgemäß verhalten; nur sie kann uns zeigen, wie wir unsere Computer und Satelliten, unsere Maschinen und Instrumente, unsere Atomkraftwerke und unser elektronisches Spielzeug so einsetzen können, daß wir mit unseren Mitmenschen und dem ganzen Universum besser harmonieren. Diese Revolution allein kann uns zu verstehen geben, wie wichtig es ist zu überleben, um das Leben lebenswert zu gestalten, und zwar sowohl für uns selbst als auch für unsere Nachwelt, der wir aus Verantwortung und Nächstenliebe einen bewohnbaren Planeten hinterlassen wollen.

Notwendige Veränderungen

Ikeda: Damit der Mensch überleben kann, muß er sowohl seine Lebensweise als auch seine Ansichten über die Natur grundlegend ändern. Er muß aufhören, die Natur als etwas zu betrachten, das er zu seinem eigenen Vorteil unterwerfen oder das er zerstören kann. Statt dessen muß er wissen, daß der einzige Weg zu seinem irdischen Glück darin besteht, sich als ein Lebewesen zu betrachten, welches das Leben mit allen anderen teilt. Wissenschaft und Industrie der Neuzeit beruhen hingegen auf der Annahme, daß die Natur dazu da ist, um dem Menschen nach seinem Belieben zur Verfügung zu stehen. Mit ihren analytischen Verfahren zergliedert die Wissenschaft Faktoren, die in der Welt der Natur eng miteinander verflochten sind, und sie verwendet mathematische Formeln, um allgemein anwendbare Regeln aufzustellen. Das führt dazu, daß die Zergliederung den ganzen Organismus zerstört – die wissenschaftliche Methode läßt sich als Mord an der Natur betrachten. Die Technologie wendet das von der Wissenschaft gelieferte Wissen an, um der Natur Energien abzugewinnen. Die Verschmutzung der Umwelt und das geistige Elend der Menschheit sind zwei Ergebnisse dieses zerstörerischen Zugriffs.

Der Mensch vergißt gerne, daß seine physische Konstitution und sein Seelenleben von der Harmonie, dem Rhythmus und der Ordnung der Dinge in der Natur abhängig sind. Wenn er die Natur verändert oder zerstört, wirkt er damit zugleich destruktiv auf seinen Körper und seine Seele. Darüber hinaus muß man daran denken, daß sich das momentan stattfindende Werk der Zerstörung nicht nur auf das Leben derer, die heute erwachsen sind, sondern auch auf die Nachwelt schädlich auswirkt. (Die Strahlenschäden der atomaren Bombardements auf Hiroshima und Nagasaki wirken bis in die zweite und dritte Generation. Der massive Einsatz chemischer Waffen zur Entlaubung des Dschungels hat in Vietnam zu Mißbildungen bei Säuglingen geführt.) Die seelischen Auswirkungen derartiger Zerstörungen lassen sich schwerer feststellen als die physischen, sind aber wahrscheinlich mindestens genauso schlimm. Wie läßt sich Ihres Erachtens unsere Einstellung zur Natur verändern?

Peccei: Ich beschäftige mich hauptsächlich damit, wie wir uns kulturell so weit entwickeln können, daß wir unseren Beziehungen zur Natur Vorrang einräumen; und dies erfordert, daß wir uns eine neue Ethik des Lebens aneignen, die das Leben in all seinen Formen umfaßt. Dies ist jedoch ein Ziel, das sich von den anderen wichtigen Vorhaben nicht trennen läßt. Nur aufgrund eines ganzheitlichen Vorgehens können wir verstehen, wie grundlegend sich die Lage des Menschen verändert hat und wie dringend notwendig es für uns ist, mit der Natur Frieden zu schließen. Um diesen Erfordernissen gerecht zu werden, müssen wir unsere eingebildete und egozentrische Haltung aufgeben und das ganze Spektrum unseres latenten Potentials harmonisch entwickeln.

Wir leben in einer Zeit der Krise, daher müssen wir den Menschen klar und deutlich als ein Ganzes betrachten; und wenn wir verhindern wollen, daß die Krise ausweglos wird, müssen wir unbedingt all unsere intellektuellen und kreativen Fähigkeiten aktivieren. Jeder Fehler in der Beurteilung unserer Lage kann fatal sein. Andererseits sind die noch in uns schlummernden Fähigkeiten, wie ich schon mehrfach betont habe, so zahlreich, daß wir sie zu unserer größten Hilfsquelle entwickeln können. Nur indem wir sie in einer Weise ausbilden und entwickeln, die zu unserer Situation in der veränderten Welt paßt, können wir ein bißchen Ordnung und Harmonie in unsere Angelegenheiten, einschließlich unserer Beziehungen zur Natur, bringen und damit einigermaßen sicher in die Zukunft sehen.

Danach brauchen wir eine kulturelle Evolution; sie muß insofern revolutionär sein, als der sie tragende neue großzügige und in die Zukunft schauende Humanismus von Anfang an so stark ist, daß er uns den Glauben an den Menschen wiedergibt und diesen in den Mittelpunkt jedweden Fortschritts stellt. Diese tiefgreifende Innovation soll uns herausführen aus dem Stadium fehlenden Gleichgewichts – wir wissen immer mehr und werden immer mächtiger, moralisch und existentiell jedoch werden wir immer schwächer – und uns hinführen auf eine neue Stufe der allseitigen Entfaltung des Individuums. Mit der Wiedergeburt des menschlichen Geistes wird der Mensch lernen, sein ganzes Wissen und seine ganze Macht für die Verbesserung seiner Lage einzusetzen; dadurch wird er erstmals zum wahren, urteilsfähigen Subjekt seiner Geschichte.

Lassen Sie mich zum Abschluß ein paar leicht provokative Fragen stellen, die das gegenwärtige Mißverhältnis aufzeigen. Man steckt heutzutage sehr viel Forschungsarbeit in die komplexe Aufgabe der Entwicklung *künstlicher Intelligenz* und heuristischer, „intelligenter" Computer der fünften Generation. Bei allem gebotenen Respekt vor den ehrenwerten Herren Wissenschaftlern, die an diesem bahnbrechenden Unternehmen beteiligt sind, fragt es sich doch, wozu wir den Umweg über die Entwicklung fremder Formen von Intelligenz machen? Schließlich ist die natürliche Intelligenz wahrscheinlich bedeutender und lohnender, und außerdem ist sie in den Köpfen vieler Frauen, Männer und Kinder schon längst vorhanden. Warum konzentrieren wir uns nicht auf die Förderung der *menschlichen Intelligenz,* die man nur noch verbessern und perfektionieren muß? Sind unsere Erwartungen an den Menschen so gering? Sollte sich unsere politische, wissenschaftliche und kirchliche Obrigkeit nicht fragen, ob es nicht besser wäre, wenn es etwas intelligentere Menschen auf der Welt gäbe als hochintelligente Supercomputer? Und falls einer der kompetenten Herren sich nicht zwischen diesen beiden Alternativen entscheiden möchte, dann bliebe immer noch die Frage, ob es nicht in jedem Fall besser wäre, die Forschungsarbeiten auf beiden Gebieten gleichermaßen zu fördern.

Der Mensch – nicht Herr, sondern Gefährte der Natur

Ikeda: Ja, ich stimme voll mit Ihnen überein, doch möchte ich diesen Gedanken noch weiter verfolgen. Aufgrund seines Wissens und seiner technologischen Macht hat sich der Mensch zum Richter über das Schicksal aller anderen Lebewesen auf Erden aufgeworfen. Leider macht ihn die Begierde blind für die Verantwortung, die er mit diesem Amt eigentlich hätte übernehmen müssen; daher beuten oder rotten die Menschen weiterhin die Natur aus, ohne zu bedenken, daß sie sich damit möglicherweise ihr eigenes Grab graben. Um sein Richteramt verantwortungsbewußt ausüben zu können, muß der Mensch seine Einstellung zum Leben in all seinen Formen ändern. Welchen Beitrag kann Ihres Erachtens die humanistische Revolution leisten?

Peccei: Die westliche Zivilisation nachahmend sind die Menschen überall auf der Welt dazu übergegangen, sich als Herren und Meister über alles und jedes zu betrachten. Nun, da der Mensch immer weiter in den Weltraum vordringt, leitet man daraus ab, daß er auch ein Recht auf diesen hat. Die Devise lautet mit anderen Worten: was für den Menschen gut ist, ist auch für alles andere gut, was in seiner Reichweite liegt; und was auch immer er wo auch immer unternimmt, um sich Vorteile zu verschaffen, muß damit auch gut sein.

Sie und ich, wir halten ein solches Denken für widersinnig und sind davon überzeugt, daß diese Logik vollkommen verkehrt ist und dem Menschen nur übel mitspielt, denn *der Mensch ist nicht Herr und Meister über die Natur, sondern ein Teil von ihr* – und das bleibt er auch, selbst wenn wir ihn als besonders wichtigen Teil der Natur ansehen. Es ist eine nüchterne Tatsache, daß der Mensch untrennbar mit den zahllosen Elementen der Natur verbunden ist und daß es wie ein Bumerang auf ihn zurückschlägt, wenn er diese zum Schlechteren verändert oder ihre Zyklen und Systeme aus dem Gleichgewicht bringt. Ich möchte aber hier nicht wiederholen, was ich zu diesem Thema bereits gesagt habe. Lassen Sie mich nur noch hinzufügen: Unsere Spezies hatten das Glück, ihre Erdenlaufbahn mit überlegenem geistigen Rüstzeug zu beginnen, doch gibt ihr das noch lange nicht das Recht, sich als oberster Richter über Leben und Tod minder bevorzugter Lebewesen zu betrachten. Umgekehrt sollten wir uns durch die Tatsache, daß wir in manch einer Hinsicht klüger sind, verpflichtet fühlen, die Rolle des Beschützers und Vertrauten gegenüber den niedereren Formen des Lebens zu übernehmen.

Der Biologe und Humanist Julian Huxley hat dies auf den Begriff gebracht in dem Satz, daß der Mensch, ,,ob er es wolle oder nicht, der Anführer des Evolutionsprozesses auf Erden ist und daher die Aufgabe hat, ihn ganz allgemein in Richtung Verbesserung zu lenken und zu leiten“. Die Erkenntnis dieser unserer Verantwortung ist ein Bestandteil der neuen Ethik des Lebens, von der ich bereits gesprochen habe. Einmal abgesehen von ihrer gewichtigen ethischen Funktion, muß diese Einstellung aber allein schon deswegen akzeptiert werden, weil sie von existentieller Bedeutung ist. Die Verbesserung der Struktur des Lebens auf Erden entspricht in der Tat dem langfristigen Interesse unserer Spezies; die fortgesetzte Nicht-Befolgung dieses Grundsatzes stellt daher offen in Frage, wie weit es mit unserer Menschlichkeit und unserem vielgerühmten Geist wirklich her ist. Und damit ergibt sich ein weites Betätigungsfeld für alle diejenigen, die überall auf der Welt im Erziehungswesen an verantwortlicher Stelle tätig sind.

Der Weg der Entwicklungsländer

Ikeda: Die Nord-Süd-Problematik – das heißt, die Diskrepanzen zwischen den Industrienationen und den Entwicklungsländern – wird im Laufe der Zeit sicher wachsende internationale Spannungen hervorrufen. Die Ursache für die Konflikte, die es seit dem Zweiten Weltkrieg gegeben hat, war und ist zweifelsohne die politische Instabilität, die wiederum auf der Armut der Entwicklungsländer und der Einmischung der führenden Industriestaaten in die inneren Angelegenheiten dieser Nationen beruht. Und bedauernswerterweise hat diese Einmischung nicht nur politische Unruhen und bewaffnete Konflikte ausgelöst, sondern auch das selbständige Wachstum der Entwicklungsländer weiter verzögert.

Die Erdöl produzierenden Länder sind zwar reich, doch gibt es Anlaß zu größter Besorgnis, daß nur ein sehr beschränkter Teil ihres Ölreichtums für die gewöhnlichen Bürger ausgegeben wird. Statt für den Wohnungsbau zum Nutzen des ganzen Volkes werden die Petrodollars oft nur für Privatjets oder andere Luxusgüter wie goldene Waschbecken ausgegeben, oder man kauft mit ihnen die Waffen, die dann in den von Zeit zu Zeit ausbrechenden Bruderzwisten eingesetzt werden. Die Politik dieser sogenannten Förderländer hat darüber hinaus die ohnehin schon traurige Lage der anderen Entwicklungsländer weiter verschärft, denn letztere müssen das unentbehrliche Erdöl zu ständig steigenden Preisen kaufen. Diese notwendige Ausgabe behindert sie in ihren Bemühungen zur Stabilisierung und Neuordnung ihres politischen und wirtschaftlichen Systems, gibt vorhandener Unzufriedenheit neue Nahrung, lähmt Versuche, mit Hunger und Krankheit im eigenen Land fertig zu werden, und vollendet dadurch das Elend der Bevölkerung.

Meines Erachtens läßt sich weder die Ordnung aufrechterhalten, noch kann sie gut funktionieren, solange die maßgeblichen Leute nicht aufgeklärt, verantwortungsvoll und intelligent handeln. Und für die Ausbildung von Menschen, die für diese schwierige Aufgabe qualifiziert sind, braucht man ein vernünftiges Erziehungswesen. Japan hatte schon vor der am Westen orientierten Modernisierung im neunzehnten Jahrhundert ein hochentwickeltes Erziehungswesen. Das ist einer der Gründe dafür, daß es imstande war, die Lücke zwischen sich und dem bereits industrialisierten Westen zu schließen. Die Japaner engagierten sich voller Begeisterung, um sich das neue Wissen anzueignen und die Technologie zu beherrschen, und das führte zu einer weiteren Verbesserung und Erweiterung des Schulwesens. Wie können Entwicklungsländer Ihrer Meinung nach ihr Erziehungssystem ausbauen?

Peccei: Ich halte es in unserer heterogenen Welt für unangebracht, zur Bezeichnung fremder Länder den einfachen Plural zu gebrauchen, weil man dadurch ganz verschiedene Völker und Kulturen in einen Topf wirft; und andererseits tun wir damit so, als besäßen wir ein Modell, das andere wegen seiner besonderen Effizienz nachahmen sollten.

Nach dieser terminologischen Vorbemerkung würde ich zur Sache sagen, daß die Industrienationen bereit sein müssen, den Entwicklungsländern mit ihrer Erfahrung und ihren Methoden immer dann zur Seite zu stehen, wenn sie von Nutzen sein können. Das betrifft natürlich eine ganze Reihe von Arbeitsfeldern, doch speziell beim Erziehungswesen handelt es sich um eine diffizile Angelegenheit, da es ein zentrales Moment der kulturellen Identität eines jeden Volkes ist. Im Gegensatz zu anderem allgemeingültigen Wissen gibt es wenig Argumente dafür, daß alle Länder ihr Erziehungswesen mehr oder weniger nach demselben Muster gestalten sollten. Denn wie gut und fortschrittlich das Erziehungswesen in den Vereinigten Staaten oder Japan auch sein mag und wieviel Italien, mein Land, davon lernen könnte, so wäre es doch ein grober Irrtum, das fremde Erziehungswesen einfach zu kopieren. Auf der anderen Seite waren die italienischen Universitäten auf den Gebieten der Jurisprudenz und der klassischen Philologie sowie die Kunstakademien ein Vorbild für manche fremde Nation, doch soll dies keineswegs heißen, daß letztere das, was wir machen, einfach nachahmen sollen.

Fragen der Erziehung sind jedoch im Falle der Dritten Welt besonders heikel. Allzu oft war die Entwicklungshilfe auf diesem Gebiet nämlich nur eine andere Form von „Kulturimperialismus“ und hat die Deformationen im Erziehungswesen des Geberlandes auf das Nehmerland übertragen. Überdies ist das Grundschulmodell eines hochindustrialisierten Landes mit gemäßigtem Klima – höflich gesagt – zumindest schlecht geeignet für eine vorwiegend landwirtschaftlich orientierte tropische Region. Und wenn man die höhere wissenschaftliche Ausbildung von, sagen wir, Skandinavien an den Nil bringt, dann sieht es nur bei oberflächlicher Betrachtung so aus, als sei sie dort genauso effizient. In Wirklichkeit ist das ganz und gar nicht der Fall, weil die sozioökonomischen Prioritäten und die erzieherischen Bedürfnisse in beiden Gebieten ganz verschieden sind.

Ikeda: Sie haben ganz recht. Die Erziehung muß den Generationen zugute kommen, die in Zukunft die Verantwortung für ihr Land übernehmen werden. Da die meisten Länder sich in ihrem sozialen, kulturellen und historischen Hintergrund sowie in ihrer natürlichen Umwelt unterscheiden, braucht jede Region Leute, die so erzogen wurden, daß sie den lokalen Anforderungen entsprechen können. Ein Erziehungssystem, das in dem einen Land erfolgreich wirkt, kann in einem anderen ein katastrophaler Mißerfolg sein. Jede Region muß ihre jeweiligen Bedingungen und zukünftigen Notwendigkeiten in Betracht ziehen, um ein passendes Erziehungswesen zu entwickeln – und wahrscheinlich wird das nicht ohne eine Serie von Versuchen und Irrtümern abgehen. Wie schwierig die Aufgabe auch sein mag – da es Menschen sind, aus denen die Nationen bestehen, so ist die Entwicklung des richtigen Erziehungswesens doch von überragender Bedeutung. Selbst wenn man zeitweise Abstriche beim Lebensstandard hinnehmen muß, sollte man auf diesem Gebiet keinesfalls sparen. Ohne eine gut ausgebildete Bevölkerung wird keine Nation den Weg zur Selbständigkeit finden.

Peccei: Die Dritte Welt fährt in Erziehungs- und anderen Fragen am besten, wenn sie sich Situationen ausmalt, in denen die Abhängigkeit vom Norden geringer geworden ist bzw. in denen die Nord-Süd-Interdependenz keine große Rolle spielt; die Nationen im Süden brauchen im Grunde genommen etwas anderes, nämlich mehr Vertrauen auf die eigene Kraft. Wenn sie Erfolg haben wollen, dann müssen sie sich zunächst ihres Hauptfehlers bewußt werden, und der besteht in ihrer *politischen Zersplitterung.*

Ihrer politischen Struktur nach besteht die Welt gegenwärtig aus rund hundertsechzig souveränen Staaten, die in der Mehrzahl damit zu kämpfen haben, daß sie klein und schwach und von so vielen Problemen geplagt sind, daß sie unmöglich all die Aufgaben erfüllen können, die einem modernen Staat gestellt werden. Selbst wenn diese Staaten es wollten, könnten sie weder ihre eigenen Kapazitäten ordentlich nutzen, noch diese durch die selektive Inanspruchnahme auswärtiger Hilfe ergänzen. Dennoch versuchen die etwa hundertzwanzig Entwicklungsländer es im großen und ganzen auf eigene Faust. Aufgrund dieser Entscheidung sind sie den politischen, ökonomischen und technologischen Riesen des Nordens – den Vereinigten Staaten, der Europäischen Gemeinschaft, dem Ostblock und Japan – natürlich nicht gewachsen. Sie bleiben zur Unterentwicklung verdammt, sofern und solange sie nicht Mittel und Wege finden, um ihre Politik langfristig eng aufeinander abzustimmen bzw. sofern und solange sie sich nicht – was noch besser wäre – zu regionalen Verbänden, Gemeinschaften oder Staatenbündnissen zusammenschließen. Daß dem so ist, läßt sich auf einen Blick erfassen, wenn man nur das Bruttosozialprodukt als Maßstab der Leistungsfähigkeit einer Nation nimmt. Denn da fällt das Bruttosozialprodukt des großen Indien nur halb so groß aus wie das von Italien, einer Provinz Europas. Für fast alle Entwicklungsländer gilt, daß die bloße Tatsache ihrer viel zu geringen wirtschaftlichen Potenz und ihres viel zu niedrigen Pro-Kopf-Einkommens ihnen den Aufbau eines modernen Gesundheitswesens oder einer sozialen Infrastruktur bzw. die Verbesserung ihres Erziehungswesens unmöglich macht.

Wenn die Dritte Welt auf ihre eigene Kraft vertrauen will, dann kann sie das nur, wenn sich ihre Staaten zu größeren, verhältnismäßig homogenen geopolitischen bzw. geowirtschaftlichen Einheiten zusammenschließen. Dann *vertrauen sie auf ihre gemeinsame Kraft,* treiben gemeinsam Politik, richten gemeinsame Institutionen ein, organisieren eine internationale Arbeitsteilung und nehmen eine einheitliche Haltung gegenüber der restlichen Staatenwelt ein. Wenn die Dritte Welt aber weiterhin meint, sie könne sich eigenständig entwickeln und sich sinnvoll an der weltweiten Entwicklung – welche Bedeutung man diesem Begriff auch immer beimessen mag – beteiligen, solange sie politisch so zersplittert bleibt, dann wird sie weiterhin lauter Frustrationen und Rückschläge erleben.

Im Jahr 1980 hat der Club of Rome in Zusammenarbeit mit zwei zukunftsorientierten Forschungsorganisationen am Sitz der Vereinten Nationen ein Projekt begonnen, das den Entwicklungsländern helfen soll, alle verfügbaren Wege zur Stärkung ihrer gemeinsamen Kraft zu erforschen und gangbar zu machen. Seine Vorschläge laufen darauf hinaus, daß sich diese Länder zu Gemeinschaften zusammenschließen, die durch gut aufeinander abgestimmte Langzeitabkommen miteinander verbunden sind. Der Forschungsprozeß fördert laufend neue interessante Vorschläge zutage, so daß eine ganze Reihe von ehemals skeptischen politischen Theoretikern und Praktikern, die bislang nur innerhalb des klassischen Konzepts des Nationalstaats gedacht haben, heute davon überzeugt ist, daß es für die Entwicklungsländer von Vorteil wäre, sich zu größeren, lebensfähigeren Einheiten zusammenzuschließen.

Da unsere Diskussion mit dem Thema Erziehung angefangen und sich hauptsächlich darum gedreht hat, möchte ich noch hinzufügen, daß auch das Erziehungswesen von solchen Trends profitieren könnte. Umgekehrt kann es natürlich gleichfalls nützlich sein, indem mit seiner Hilfe der Weg für die allmähliche Neustrukturierung der weltpolitischen Szene geebnet würde – das Ergebnis sähe dann in etwa so aus, daß es zwölf bis zwanzig kontinentale, regionale oder subregionale Gemeinschaften gibt, die eine eigene Regierung haben, aber zur wechselseitigen Kooperation fähig und bereit sind. Da die Erziehung ein kollektives Unterfangen ist, kann man davon ausgehen, daß die ganze Menschheit einen wichtigen Schritt in Richtung auf eine ausgewogene Zukunft machen würde, wenn die Jugend sich diese Ideen aneignet und bereit ist, sie zu unterstützen.

Ikeda: Interne Konflikte und kriegerische Auseinandersetzungen zwischen Nachbarstaaten sind zweifelsohne ein großes Hindernis für die echte Unabhängigkeit der Entwicklungsländer. Aus diesem Grunde ist es, wie Sie richtig feststellen, lebensnotwendig, die Weltpolitik neu zu ordnen und kontinentale, regionale oder subregionale Gemeinschaften zu schaffen. Die Entwicklungsländer müssen das sinnlose Blutvergießen im Kampf zwischen ihren eigenen Stämmen beenden und mit ihren Nachbarstaaten zusammenarbeiten, um ein Wirtschaftswachstum zu erzielen und ihr Erziehungswesen zu verbessern – wobei letzteres die wichtigste Aufgabe überhaupt ist. Die europäischen Universitäten des Mittelalters und der Renaissance wie Bologna, Paris, Oxford, Cambridge und Heidelberg waren vorbildliche Institutionen, da sie nicht nur der Erziehung der Jugend des eigenen Landes dienten. Ich glaube, die heutigen Entwicklungsländer könnten viel von einer Untersuchung über diese Schulen lernen. Eine jede war nämlich auf einigen Gebieten führend, und die Studenten kamen nicht dorthin, weil sie Italiener oder Engländer waren, sondern weil sie sich für ein bestimmtes Gebiet interessierten. Durch die Erfahrungen und den Gedankenaustausch an Universitäten dieser Art erweitern die jungen Menschen ihren Horizont und gewinnen damit eine Basis für den Umgang mit den vielfältigen Schwierigkeiten, vor die sie sich später in ihrem Land gestellt sehen. Denn Politiker, die in der Schule auf internationaler Ebene zu denken gelernt haben, werden wahrscheinlich eher friedliche Wege zur Lösung von Streitigkeiten finden.

Erst die Pflichten, dann die Rechte

Ikeda: In der modernen Erziehung werden des öfteren die Menschenrechte betont und die Pflichten des Menschen weniger ernst genommen. Ein Mensch, dem ein Wald gehört, hat das Recht, ihn abzuholzen, doch er hat auch die Pflicht, den Schaden wiedergutzumachen, den er der Umwelt damit zufügt. Man lernt heute nur allzuoft, seine Rechte wahrzunehmen und seine Pflichten geflissentlich zu übersehen. Ich glaube, daß die jüngeren Menschen noch lernen müssen, daß Rechte und Pflichten im individuellen wie im gesellschaftlichen Rahmen untrennbar miteinander verbunden sind. Stimmen Sie darin mit mir überein?

Peccei: Ich stimme Ihnen voll zu. Es kann keine Rechte ohne Pflichten geben, und desgleichen sind Pflichten ohne Rechte unannehmbar. Allerdings sollten wir im gegenwärtigen Stadium der Evolution des Menschen meines Erachtens zunächst die Pflichten betonen. Wenn wir unsere Verantwortung und unsere Pflichten festgelegt haben, dann können wir sehen, worin unsere Rechtstitel und -ansprüche bestehen und wie wir sie durchsetzen können. Erlauben Sie mir jedoch in diesem Zusammenhang die Bemerkung, daß zum Beispiel die Menschenrechts-Charta der Vereinten Nationen – obwohl sie dem guten Zweck dienen soll, die Schwachen und Unterdrückten zu schützen – den falschen Eindruck erwecken könnte, wir Menschen hätten von Natur aus nur Rechte und keine Pflichten, nicht einmal die, die Rechte anderer zu respektieren. Insofern glaube ich, daß die Gesetzestexte, in denen die Rechte niedergelegt sind, mangelhaft formuliert sind.

Als Menschen haben wir vielerlei Verpflichtungen gegenüber unseren Mitmenschen und den anderen Lebewesen, und zwar sowohl gegenüber den jetzt lebenden als auch gegenüber der Nachwelt. Wir vergessen das leicht oder denken nur in solchen Fällen daran, wo die Menschenrechte offen mit Füßen getreten, Tiere mißhandelt oder rücksichtslos ausgerottet werden. Ich glaube aber, daß wir insbesondere *unsere Verantwortung für die kommenden Generationen und das zukünftige Leben im allgemeinen* sehr viel ernster nehmen müssen. Wir dürfen nämlich nicht vergessen, daß wir durch die Unkenntnis oder Mißachtung unserer Pflichten katastrophale Folgen für die Welt von morgen heraufbeschwören können.

Ikeda: In der Vergangenheit war es notwendig, Gesetze zu erlassen, in denen die Rechte der Unterdrückten niedergelegt wurden, um sie vor grausamer Tyrannei und vor der Willkür der herrschenden Klassen zu schützen. Und um der Klarheit willen möchte ich hinzufügen, daß weder Sie noch ich beabsichtigen, auch nur einen Finger breit des Bodens aufzugeben, der mit den bürgerlichen Rechten und Freiheiten erkämpft worden ist.

Fast überall auf der Welt befindet sich das Gros der Bevölkerung aber in einer privilegierten Position gegenüber den anderen Lebewesen sowie der Natur. Und wir müssen uns bei der Ausübung unserer Rechte an einen gewissen Rahmen von Verpflichtungen halten, um zu verhindern, daß die Rechte all der anderen Teile unserer Umwelt verletzt werden.

Peccei: Bei unseren Pflichten denke ich in erster Linie daran, daß wir unsere Beziehung zur Natur auf eine neue Basis stellen müssen. Dabei genügt es meines Erachtens nicht, bloß zu wissen, daß wir einen Fehler machen, wenn wir Wälder zerstören, andere Arten ausrotten, Seen und Flüsse verschmutzen oder die Kohlenwasserstoffressourcen verschwenden. Mit unserem egoistischen, auf unseren unmittelbaren Vorteil bedachten Verhalten berauben wir die Nachwelt all der Annehmlichkeiten und Bequemlichkeiten, die wir für uns anstreben; künftigen Generationen werden wir einen ausgemergelten Planeten hinterlassen, dessen Ressourcen vielleicht für immer, zumindest für eine lange Zeit erschöpft sind. Das ist aber noch lange nicht alles.

Denn es genügt auch nicht, wenn wir uns vornehmen, die natürlichen Reichtümer, unser Kapital, im wesentlichen zu erhalten und in Zukunft nur von den Zinsen zu leben. Wenn wir nämlich die Erde und die Menschheit wirklich retten wollen, dann müssen wir uns einer sehr viel höher gesteckten Aufgabe stellen. Am Beginn des nächsten Jahrhunderts müssen wir zusätzlich zu der heutigen Erdbevölkerung ein paar Millionen Menschen auf der Erde unterbringen; wir müssen damit fertigwerden, daß die Bevölkerungsdichte noch viel ungleichmäßiger sein wird; wir müssen den Bedarf dieser Menschen an Nahrungsmitteln, Gebrauchsgütern und Dienstleistungen befriedigen; und wir müssen damit rechnen, daß die antiquierten Vorstellungen von der Überlegenheit des Menschen, seine Denkschemata über Sicherheit, Souveränität, Nationalismus sowie der Einsatz von Wissenschaft und Technologie für perverse Zwecke nur schwer auszurotten sind.

Es wäre ein tragischer Fehler zu glauben, diese alte Welt könne eine derart große Bevölkerung beherbergen und ihr auch nur ein Minimum an Wohlstand und Menschenwürde bieten, wenn ein jeder Mensch nur dies oder jenes unterläßt. Die üblichen Umweltschutzprogramme, die von einer wachsenden Anzahl von Ländern in Angriff genommen werden, sind zwar auf jeden Fall unerläßlich – auch muß der hartnäckige Widerstand aller möglicher privilegierter Kreise gegen sie, koste es, was es wolle, gebrochen werden –, doch genügen sie bei weitem nicht, um unsere einzige Nachschubbasis, die Erde, davor zu bewahren, daß sie von der wachsenden Bevölkerung regelrecht erdrückt wird.

Ikeda: Ja, und der durch die Ausbeutung der natürlichen Ressourcen und die Umweltverschmutzung gegebene Druck macht es der Erde jetzt schon schwer, die Weltbevölkerung zu (er-)tragen. Obwohl sie wissen, daß diese Diagnose stimmt, und obwohl kenntnisreiche und gewissenhafte Leute wie Sie ständig davor warnen, setzen die Menschen ihre verschwenderische und zerstörerische Jagd nach immer neuen Vorteilen und Bequemlichkeiten fort, ohne an die Gefahren und Mühen zu denken, die sie damit ihren Kindern und Kindeskindern bereiten. Es muß etwas getan werden, um diese Situation zu ändern.

Peccei: Wenn wir uns nicht bald gründlich neu besinnen und alles, was der Mensch ist und tut, sowie seinen Platz im Universum radikal neu bestimmen, dann werden einige natürliche Systeme unweigerlich zusammenbrechen. Um diese Tragödie zu vermeiden, brauchen wir neue Kriterien für einen verantwortungsvollen Umgang mit den Ressourcen auf dem ganzen Globus, insbesondere für die Nutzung des wertvollen Ackerlandes und des Frischwassers, und wir müssen verhindern, daß die biologische Kapazität der Erde weiter abnimmt. Zu diesem Zwecke sollten weite Flächen Land, lebenswichtige Ökosysteme und angemessen große Lagerstätten von Fossilien und Mineralien unangetastet bleiben – nicht nur als Reserve für den künftigen Bedarf, sondern auch als eine Art Naturschutzpark, in dem die Evolution der Natur ungestört vonstatten gehen kann. Wo der Planet zum Zwecke der Bedürfnisbefriedigung weiterhin ausgebeutet wird, muß das im Geiste der Erhaltung und harmonischen Entwicklung aller Völker und Nationen geschehen.

All dies liegt natürlich im Interesse des Menschen und sollte auch danach beurteilt werden. Es wäre jedoch äußerst naiv zu glauben, daß es rechtzeitig in Angriff genommen wird, wenn die Menschen nicht genau darüber Bescheid wissen, wie sehr sich die Lage auf der ganzen Welt verschlimmert, und wenn dieses Bewußtsein von den Gefahren uns nicht aus unseren Träumen wachrüttelt und zu einer schnellen Reaktion bewegt – mit anderen Worten, wenn die menschliche Revolution nicht rechtzeitig stattfindet. Dieser Prozeß läßt sich aber dadurch befördern, daß man die weltweite Öffentlichkeit und die Entscheidungsträger dazu veranlaßt, die ungeheure Vielzahl der Probleme, die vor uns stehen, zur Kenntnis zu nehmen und ihre Lösung darin zu suchen, daß man sie nicht isoliert, sondern systematisch als ganzes Problembündel in ihrem jeweiligen regionalen und globalen Zusammenhang angeht.

Ikeda: Ja, wenn der Mensch heute nur eins der vielen komplex miteinander verschlungenen Probleme löst, dann schafft er damit nur neue auf anderen Gebieten. Alle Probleme müssen daher, wie Sie sagen, in ihrem jeweiligen Kontext angegangen werden. So belastet zum Beispiel die Senkung des Benzinverbrauchs die Wirtschaft und führt dadurch zu vermehrter Arbeitslosigkeit. Welche konkreten Schritte empfehlen Sie, um derartige Probleme im regionalen und globalen Zusammenhang systematisch angehen zu können?

Peccei: Auf dem Zweiten Weltkongreß über Landnutzung, der im Juni 1983 in Cambridge/Massachusetts stattgefunden hat, habe ich den Vorschlag gemacht, eine Reihe von qualifizierten, regierungsunabhängigen Organisationen solle einen Entwurf für ein strenges *weltweites Programm zur Erhaltung, Nutzung und Verwaltung von ganzen Landstrichen und Rohstofflagerstätten* ausarbeiten und die Bedingungen seiner Machbarkeit überprüfen, um es in naher Zukunft den Wählern verschiedener Staaten vorlegen zu können.

Dabei sollte ein ähnliches Prinzip angewandt werden wie beim *aménagement du territoire,* der Regionalplanung für ganz Frankreich, nur müßte ein Plan für die ganze Welt erarbeitet werden. Außerdem sollte sich das Projekt nicht auf die fünf

Kontinente beschränken, sondern auch die Weltmeere umfassen und desgleichen die Polarregionen. Als erste Aufgabe sollte das Projekt das auf einer Mammutkonferenz der Vereinten Nationen beschlossene neue Seerecht auf seine Tauglichkeit überprüfen und Verbesserungsvorschläge machen. Denn dieses beinhaltet zwar erstmals vorläufige Verfahrensregeln für Forschung und Entwicklung in der Tiefsee, konnte aber dem weitverbreiteten Raubbau an den Ressourcen des Meeres, insbesondere durch die wirtschaftlich potenten Nationen, keineswegs ein Ende bereiten.

Das Projekt sollte auch die Möglichkeit in Betracht ziehen, ob sich nicht das verhältnismäßig unberührte Gebiet der Antarktis zum Prüfstein machen läßt für unsere Verpflichtung, größere Teile des Globus als eine Art Treuhandvermögen für alle Nationen und Generationen zu erhalten. Der Antarktis-Vertrag von 1961, mit dem alle Ansprüche auf die dort befindlichen Ressourcen für dreißig Jahre eingefroren wurden, läuft im Jahre 1991 aus. Daher ist es höchste Zeit zu verhindern, daß die Verhandlungen weiterhin so verlaufen, als wolle man sich eine Beute teilen; man muß darauf bestehen, daß sie im gemeinsamen Interesse an der Erhaltung dieses letzten freien Gebiets auf Erden geführt werden und das Ergebnis unsere Verpflichtungen gegenüber unseren Kindern und Kindeskindern einlöst. Wenn wir es schaffen, den kommenden Generationen die ganze Antarktis und die Meere um sie herum in ihrem ursprünglichen Zustand zu hinterlassen – wodurch wir im übrigen keineswegs ärmer werden –, dann ist dies ein Zeichen unserer Achtung vor Mutter Natur. Und damit ermutigen wir auch die nachfolgenden Generationen dazu, unserem Beispiel zu folgen und den südlichsten Teil der Erde als Reich der Wildnis zu bewahren.

Ikeda: Ich bin mit Ihnen einer Meinung, daß es wichtig ist, die Antarktis und die umliegenden Meere zu schützen, doch ist es meines Erachtens genauso wichtig, in anderen, besser zugänglichen Gegenden der Welt Reservate zu schaffen, in denen die Menschen die Natur in ihrer ursprünglichen Form kennenlernen können. Ich denke dabei an einige Zonen in

Japan – die Sanriku-Küste, den Daisetsu-Berg in Hokkaido, die Berge im mittleren Teil von Honshu und die Küste am Japanischen Meer – sowie an andere Gegenden in der Welt wie das Amazonasbecken, an afrikanische Steppen, an Alpenregionen und die Pazifischen Inseln.

Peccei: Allein die Forschungsarbeit und die Diskussionen, die erforderlich sind, um die Grundlagen einer weltweiten ökologischen Strategie zu schaffen, welche den Schutz der Natur wieder mit ihrer Nutzung versöhnt, werden schon weitreichende moralische, politische und ökonomische Wirkungen zeitigen. Ein solcher Plan hebt unsere Pflichten für die Nachwelt ebenso hervor wie unser Eigeninteresse an der Erhaltung des Globus als gesunder und produktiver Basis unseres Lebens. Dadurch bringt er uns nicht nur die neuen Bande der Solidarität zu Bewußtsein, durch die alle Menschen Brüder werden, sondern auch unsere Verantwortung gegenüber dem Leben im allgemeinen. Ein solcher Plan macht uns darüber hinaus aufmerksam auf zwei grundlegende Zusammenhänge: erstens wird es keinen Frieden mit der Natur geben, solange nicht Friede unter den Menschen herrscht, und zweitens regt der Natur- und Umweltschutz die Wirtschaftstätigkeit weltweit an, statt sie zu lähmen, denn mit ihm entsteht eine ganze Palette von Arbeitsplätzen und Möglichkeiten zur Beschäftigung für Leute, die andernfalls zum Nichtstun verurteilt wären.

Ein solches weltweites Projekt zwingt uns zur Anerkennung der veränderten Realitäten und Forderungen unserer Zeit und hilft uns, Herz und Verstand von den Giftstoffen zu befreien, die sich in der Periode unserer absoluten Begeisterung für die materiellen Revolutionen in uns angesammelt haben. Wenn wir die Erde in ihrer ganzen Schönheit und Großzügigkeit betrachten, dann verstehen wir, daß wir die materiellen Revolutionen höheren Zielen dienstbar machen müssen. Dieses höhere Ziel ist die menschliche Revolution.

Mehr lernen als das technisch Machbare

Ikeda: Da die Kosten für eine universelle Erziehung sehr hoch sind, bedarf es der Unterstützung durch den Staat; doch beschränken sich die Staaten oft darauf, ihre Bürger in den technischen oder anderen, für die Praxis relevanten Disziplinen zu schulen. Sie wollen sicherstellen, daß die mit staatlichen Subventionen ausgebildeten Schüler zu politisch und ideologisch gefestigten Untertanen werden. Da ich glaube, daß dies in Japan heute überwiegend der Fall ist, und da ich das für einen beklagenswerten Zustand halte, habe ich mich erfolgreich dafür eingesetzt, daß die Soka Gakkai private Universitäten, Gymnasien, Real- und Grundschulen betreibt. Sind Sie auch der Auffassung, daß die Staaten davon Abstand nehmen sollten, ihre Bürger bloß zu reibungslos funktionierenden Untertanen zu erziehen, statt sie zu selbstbewußten, ganzheitlich denkenden Individuen heranzubilden? Welche Vorstellung haben Sie von der Richtung, in die sich die Erziehung in Zukunft am besten entwickeln sollte?

Peccei: Der Club of Rome und ich denken über die Welt und ihre Bewohner in ihrer Gesamtheit nach. Dadurch wissen wir, daß die Menschen so verschieden sind, daß es sich verbietet, ein und dieselbe Philosophie der Erziehung überall auf der Welt anzuwenden. Was für Japan gut ist, braucht deswegen für Italien oder Nigeria noch lange nicht genauso tauglich zu sein. Außerdem fehlt es in vielen Ländern einfach an privaten Geldmitteln, um Schulen einzurichten; daher ist und bleibt es wichtig, daß der Staat für die Erziehung zuständig ist. Lassen Sie mich jedoch hinzufügen, daß es viele Länder gibt, in denen das staatliche Schulwesen sehr demokratisch ist wie zum Beispiel in meinem Land, Italien; dort wird eher Kritik laut an der Vetternwirtschaft und der strikt konfessionellen Orientierung der Schulen, deren Träger religiöse Institutionen sind.

In allen Erziehungssystemen wird jedoch heutzutage die höhere Allgemeinbildung der Intensivierung von Naturwissenschaft, Technik und Ökonomie geopfert, denn letztere gilt überall als die Hauptstütze der modernen Gesellschaft. Ganz allgemein bringen die Schulen den Kindern heute bei, wie man was macht. Ich für meinen Teil bin sehr gegen das absolute Übergewicht, das dadurch solche Fächer bekommen, die sich mit der Welt des Physischen, Meß-, Produzier- und Konsumierbaren beschäftigen, denn dadurch wird die Welt der Ideen stillschweigend diskriminiert. Meines Erachtens müssen wir vor allem lernen, ganzheitlich zu denken, über die Qualität der Dinge zu reflektieren, das Unwägbare und Metaphysische zu erfassen, und wir müssen uns ein kritisches Urteil bilden über unsere Kenntnisse, unser Wissen, unser Know-how und unser gegenwärtiges Verhalten, damit wir aus alldem die Quintessenz einer vernünftigen Philosophie des Lebens ziehen können.

Lernen und Erziehung

Ikeda: Bevor wir dieses Thema verlassen, würde ich gerne Ihre Ansichten über diejenige Erziehung hören, die sich jenseits der schulischen Ausbildung abspielt. Denn oft ist die idealistischste häusliche oder schulische Erziehung wirkungslos, wenn der junge Mensch mit den schmutzigen Realitäten der Gesellschaft konfrontiert wird. Ich glaube, die gesellschaftlichen Bedingungen müssen dahingehend verändert werden, daß die jungen Leute im Berufsleben die Regeln anwenden können, die sie in der Schule gelernt haben; hierzu bedarf es einer Atmosphäre, in der das Ideal der intellektuellen, künstlerischen und geistigen Erfüllung als respektabel angesehen wird. Führungskräfte sollten geistig genauso gebildet sein, wie sie es technisch sind. Und sie müssen versuchen, ihre geistigen Werte so weit wie möglich im alltäglichen Berufsleben zu praktizieren.

Um jenen Bürgern zu helfen, die ihre pädagogischen Qualifikationen verbessern wollen, sollten Schulen, Bibliotheken und Museen Programme der Erwachsenenbildung anbieten. Wissenschaftler, Künstler, Philosophen und führende Vertreter der Kirchen müßten einen Teil ihrer Zeit opfern, um das Publikum in Vorlesungen, Diskussionen und Seminaren aufzuklären. Für ihre Mühen würden sie reichlich entlohnt durch die Impulse, die ihr spezialisiertes Forschen und Denken oder ihre Kreativität durch den Kontakt mit der Bevölkerung bekäme. Was halten Sie von solch einer Erwachsenenbildung?

Peccei: Ihre Vorschläge sind ausgezeichnet, lassen sich aber nur in den entwickelten Ländern verwirklichen, in denen es sehr viele Bibliotheken, Museen, Schulen und andere Bildungseinrichtungen gibt. Auf große Gebiete Südostasiens, den indischen Subkontinent, Afrika und Teile Lateinamerikas sind sie dagegen nicht anwendbar. In fast allen Ländern der Dritten Welt gibt es nicht nur keinerlei nennenswerte Mittel für die Erwachsenenbildung, sondern darüber hinaus kommen Abermillionen von Kindern nie in ihrem Leben in den Genuß, eine regelrechte Schule besuchen zu dürfen. Und immer noch sind die Rüstungshaushalte überall sehr viel größer als der Etat, den die Staaten für Bildung bereithalten.

Für uns vom Club of Rome ist es wichtig, zwischen dem zu unterscheiden, was man üblicherweise *Erziehung* und *schulisches Lernen* nennt, und dem, was wir *Lernen* nennen. „Für uns bedeutet Lernen ein Sich-Annähern sowohl an das Wissen als auch an das Leben ... Es bedarf der Erwerbung und der Anwendung neuer Methoden, neuer Fertigkeiten, neuer Verhaltensweisen und neuer Werte, um in einer sich verändernden Welt bestehen zu können. Lernen ist der Prozeß der Vorbereitung auf neue Situationen. Es kann bewußt oder oft unbewußt erfolgen, gewöhnlich aber durch Erfahrungen des täglichen Lebens, obwohl man auch aus simulierten oder vorgestellten Situationen lernen kann. Praktisch erfährt jeder Mensch auf der Welt, ob ausgebildet oder nicht, den Lernprozeß – aber wahrscheinlich lernt niemand von uns derzeit auf dem Niveau und mit der Intensität ..., die das moderne Leben mit seinen Schwierigkeiten von uns fordert."*

In diesem Sinne von Lernen können Analphabeten fertig

* *Das menschliche Dilemma,* hrsg. von Aurelio Peccei, Wien/München 1979.

ausgebildete Menschen sein; sie bewahren sich ein lauteres Gemüt und haben gesunde Ansichten über die Welt. Am anderen Ende des Spektrums gibt es sowohl sehr gebildete Menschen, die nie etwas vom wirklichen Leben lernen, als auch brilliante Gelehrte, die in Versuchung geraten, ihr Wissen für perverse Ziele oder zur Unterdrückung der Freiheit zu verwenden.

Ich behaupte auch, daß selbst die höchsten Stufen der Erziehung heutzutage weniger wertvoll sind, als sie es sein könnten, wenn sie um ein Lernen ergänzt würden, das genau zu den komplexen und sich laufend verändernden Realitäten unserer gesamten Umwelt paßt.

Ikeda: Ich bin mit Ihnen natürlich ganz einer Meinung. Wie Sie sagen, legt die moderne Erziehung sehr viel Wert auf Naturwissenschaft und Technologie. Ich habe gesagt, vieles von dem, was man heutzutage in der Schule lernt, sei für das spätere Leben nutzlos. Dies trifft vor allem auf Naturwissenschaft und Technologie zu.

Wenn Studenten an der Universität dagegen überhaupt in Ethik oder Moral ausgebildet werden, dann ist das nicht viel mehr als die Ermahnung, sie sollten ehrlich und aufrichtig leben. Wenn sie dann im gesellschaftlichen Leben auf sich gestellt sind, befinden sie sich oft in Situationen, in denen Ehrlichkeit und Aufrichtigkeit zum Mißerfolg führen.

Wir dürfen keine Gesellschaft mehr akzeptieren, in der dieser Zustand als unausweichlich gilt. Statt dessen müssen wir versuchen, diese Gesellschaft zu verändern, und um dies zu können, brauchen wir unbedingt eine neue Art von Lernen.

Peccei: Bis vor kurzem hat die traditionelle Lernerfahrung ausgereicht, wenn es darum ging, ein existentes System zu stützen oder einen gegebenen Lebensstil aufrechtzuerhalten. Wir hingegen leben in einer rasanten Übergangszeit, in der die Anforderungen an jeden einzelnen enorm gestiegen sind. Wir brauchen unbedingt eine neue Art *innovativen* Lebens, damit wir neue Fähigkeiten erwerben können. So müssen wir zum Beispiel den dringend nötigen Wandel in unseren Gesellschaften bewirken, unser Verhalten zeitgemäß gestalten, unsere Institutionen neu strukturieren und überhaupt die Problematik, vor der wir stehen, und die Methoden, mit ihr fertigzuwerden, realistischer erfassen. Die lineare und die phasenweise Betrachtungsweise sind nutzlos geworden: wir müssen uns daran gewöhnen, die Dinge systemisch zu betrachten, und das heißt, wir müssen zugleich die Bedingungen und die Dynamik weitläufiger Zusammenhänge miteinbeziehen. Außerdem darf sich unsere Lernfähigkeit nicht mehr vorwiegend aus den Erfahrungen der Vergangenheit speisen; sie sollte statt dessen in hohem Maße zukunftsorientiert und so *antizipatorisch* wie möglich sein. Daneben muß sie auch *partizipatorisch* sein, da nicht nur die Eliten von Entscheidungsträgern, sondern auch breite Schichten der Bevölkerung in die Aufgabe einbezogen werden müssen, um die Menschheit insgesamt auf eine höhere Stufe des Bewußtseins und der Verantwortung zu heben.

Auf diesem Gebiet sind viele Forscher tätig, und in verschiedenen Teilen der Welt wurden bereits mehrere Pilotprojekte in Angriff genommen. Sie alle wollen die Mechanismen entdecken, mit deren Hilfe die Menschen lernen; sie wollen die durchschnittliche Lernfähigkeit des Menschen testen und bei verschiedenen Gruppen Verständnis und Kreativität anregen – so bei Hausfrauen, Kindern, Studenten, Soldaten, Beamten usw. Und obwohl wir hoffen, daß all diese Bemühungen die grundlegende Bedeutung einer neuen Art zu lernen erhellen werden, versteht es sich von selbst, daß das Lernen auf keinen Fall ein Ersatz für die Erziehung sein kann; es muß sie vielmehr ergänzen und kann als Katalysator wirken, der viele Vorzüge der Erziehung zum Vorschein bringt, die heutzutage nicht zum Zuge kommen. Doch sollten wir andererseits auch nicht die Funktion des Lernens unterschätzen. Denn in einer Welt, die solche Schwierigkeiten hat, das, was sie tut und was sie statt dessen tun könnte oder sollte, zu beurteilen, kann es nur von Nutzen sein, eine vernünftige Portion gesunden Menschenverstands zu erlernen, denn er versetzt die Individuen wie die Gesellschaften in die Lage, das Terrain, auf dem sie sich jetzt und in Zukunft bewegen, sinnvoll einzuschätzen.

Das Tempo des Fortschritts läßt sich nicht drosseln

Ikeda: Der moderne Mensch gleicht nicht etwa einem Piloten, der bei schönem, klarem Wetter ein Flugzeug steuert, sondern eher einem Autofahrer, der mit seinem Gefährt eine kurvenreiche Straße durch einen Wald fährt und dabei ständig ins Schleudern kommt. Wie Sie sagten, können wir mit unserer bedrohlichen Lage nur fertigwerden, wenn wir schnelle Entscheidungen treffen und dabei deren künftige Folgen im Auge behalten. Doch ist das Tempo des Wandels heute so groß, daß wir kaum vorhersehen können, was in der nächsten Zeit passieren wird. Wo es auf schnelle Entscheidungen ankommt, können diese schlechten Sichtverhältnisse den Ausschlag geben und uns in die Katastrophe stürzen. Wissenschaftler und Techniker warten nur darauf, die Gangart des Wandels in unserer Welt weiter zu beschleunigen. Ich bin im Gegenteil der Meinung, daß der Mensch oder – um im Bild zu bleiben – der Autofahrer auf der kurvenreichen Strecke nicht weiter beschleunigen darf, sondern seine Geschwindigkeit mindestens so weit drosseln muß, daß er in überraschend auftauchenden Kurven nicht im Straßengraben landet. Was denken Sie zu diesem Problem?

Peccei: Wir fahren in der Tat rücksichtslos schnell auf einer kurvenreichen Straße und nehmen jeden Augenblick die Katastrophe in Kauf. Was die Geschwindigkeit der technologischen Entwicklung betrifft, so können wir aber nicht langsamer werden bzw. den Fortschritt enttechnologisieren. In Wirklichkeit beruht unsere Lage als Lenker des Fortschritts nämlich auf zwei Bedingungen: erstens ist der Rückschritt von unserer technologisch bestimmten Zivilisation auf eine primitivere Stufe beinahe ausgeschlossen, und zweitens zieht eine Komplexität die andere nach sich. Dadurch befinden wir uns in einem Teufelskreis; ob wir wollen oder nicht, müssen wir uns auf immer größere Organisationen, ausuferndere Bürokratien, immer kompliziertere Mechanismen und einen immer höheren Automatisierungsgrad einstellen – und all diese Entwicklungen erfordern wiederum immer fortgeschrittenere

Technologien. Zugleich werden unsere Probleme mit Umwelt, Energieversorgung, Nahrungsmittelproduktion, Verstädterung, sozialer Gerechtigkeit, Sicherheit, Arbeitslosigkeit, Kriminalität, Entfremdung usw. immer größer, denn diese Problemfelder vermischen sich unvorhersehbar, verstärken sich wechselseitig und bilden dadurch das, was wir die globale Krise genannt haben. Um diesen Herausforderungen zu begegnen, haben wir eine Unzahl komplexer Systeme geschaffen: das urbane System, die Industrie, die Informations- und Kommunikationssysteme, ein Verkehrs- und Erziehungswesen, Währungssysteme und Militärblöcke. Häufig konkurrieren diese Systeme jedoch untereinander, dienen gegensätzlichen Zielen, gehorchen einer jeweils verschiedenen Logik und ergeben damit eine Vielzahl menschlicher Konstrukte, die alles andere als reibungslos funktionieren. Außerdem leiden einige dieser Systeme unter dem Druck der gestiegenen Anforderungen, und die Erfahrung lehrt uns, daß der Zusammenbruch eines Systems die anderen in Mitleidenschaft ziehen kann.

Im Moment *lassen wir uns also von einem Bündel von Faktoren vorwärtstreiben,* deren Wirkungen wir kaum im Griff haben, und wir können daher auch kaum hoffen, das Tempo drosseln zu können. Was wir tun können und müssen, ist diese Faktoren besser unter unsere Kontrolle zu bringen und nicht vor lauter Übermut schneller zu fahren, als es unser Können erlaubt. Wir können und müssen also versuchen, das zu tun, was wir bislang nicht getan haben (obwohl es kaum zu glauben ist, wie fahrlässig wir gehandelt haben): wir müssen unseren Weg planen oder uns zumindest mit den alternativen Routen vertraut machen, die uns womöglich zur Verfügung stehen, damit wir auf unsere Reise in die Zukunft vorbereitet sind und sie sicherer absolvieren können.

Um im Bild des Autofahrers zu bleiben, sind wir bislang nicht imstande, so verantwortungsvoll zu chauffieren, wie wir es sollten, denn wir können noch nicht mit Sicherheit den Kurs ansagen oder aussuchen. Wir können aber bereits mit einiger Genauigkeit angeben, welche Route wir gerne nehmen würden und welchen Kurs wir weiter verfolgen können, wenn wir an bestimmten, strategisch wichtigen Punkten unter diesen oder jenen Umständen diese oder jene Entscheidung treffen. Wir sind also nicht absolut hilflos.

So sind wir etwa in der Lage, das Bevölkerungswachstum der nächsten Jahrzehnte mit einiger Sicherheit vorherzusagen, auf anderen Gebieten einige Trends zu extrapolieren und ein paar Prognosen über die technologische Entwicklung zu machen; auf der Grundlage dieser Daten können wir uns die Situationen vorstellen, in die wir uns in einer nicht allzu fernen Zukunft hineinmanövrieren. Wir wissen auch, daß die Temperatur in der ganzen Atmosphäre steigen wird, wenn wir weiterhin so große Mengen Kohlendioxid in die Luft pumpen; und wir wissen, wenn immer mehr Länder immer gefährlichere Waffen lagern, dann werden diese Waffen eines Tages benutzt; rüsten wir dagegen ab, so verbessern sich die Aussichten auf eine friedliche Zukunft. Wir wissen desgleichen, wenn wir nur ein Minimum an Planung zustande bringen, um den Rohstoffverbrauch zu senken, die Währungen zu stabilisieren und das Arbeitskräftepotential besser einzusetzen, dann sind wir wenigstens etwas gewappnet gegen Wirtschaftskrisen, die uns ansonsten um so härter treffen werden.

Selbst wenn wir also davon ausgehen müssen, daß wir noch nicht in der Lage sind, unsere Ziele genau festzulegen, ist es uns dennoch *möglich, unseren Weg in die Zukunft besser zu planen, als wir dies im Moment tun.* Dieses Ziel verfolgt das vom Club of Rome unterstützte Projekt Forum Humanum, an dem, wie bereits erwähnt, verschiedene Gruppen junger Leute arbeiten. Wenn darüber hinaus einige der auf den vorhergehenden Seiten beschriebenen Entwicklungen eintreten, dann sind wir in der Lage, bis zu einem gewissen Grad unseren Kurs zu bestimmen und zu halten. Daneben erwerben wir immer mehr Fähigkeiten, um in einer immer stärker technologisierten Gesellschaft leben zu können, und entwickeln uns selbst so weit, bis wir schließlich in der Lage sind, unser Schicksal in die eigenen Hände zu nehmen.

Ein langer Weg

Ikeda: Ja, und das ist die menschliche Revolution, denn sie ist eher ein Kurswechsel als ein Zielpunkt. Sie zeigt uns, welches Ziel wir anstreben sollen, selbst wenn wir es nie erreichen werden, da in dieser Welt nichts vollkommen ist. Wer sich der menschlichen Revolution verschreibt, macht zwar noch ganz gewöhnliche Fehler, doch ist er innerlich geläutert. Diese besonderen inneren Werte machen sich langfristig geltend. Ich betrachte die menschliche Revolution als eine lange Reise und nicht als einen Zielpunkt, an dem man wie an einer Endstation ankommt. Sind Sie mit mir darin einer Meinung?

Peccei: Ich stimme Ihnen voll zu. Wieviel anregender ist es zu sehen, daß man seinen eigenen Kurs steuert und sich auf die richtigen Ziele hinzubewegen beginnt, als an einem Zielort anzukommen. Das wundersame Unternehmen Mensch ist wahrscheinlich in seiner ganzen Geschichte dazu bestimmt, seine Ziele ständig neu zu fassen und immer neue Mittel und Wege dahin zu (er-)finden, sich von einer Phase in eine fortgeschrittenere zu begeben usw. usf. Für uns ist es ausschlaggebend, daß wir nicht zu lange auf dem gegenwärtigen falschen Kurs verharren oder ohne ein lohnendes Ziel von einem Extrem ins andere fallen, denn schließlich steht es auch in unserer Macht, uns zwar unfreiwillig, aber um so schneller und sicherer selbst zu erniedrigen oder zu vernichten.

Im Moment befinden wir uns an *einem der Gefahrenpunkte in der Geschichte des Menschen.* Wir haben eine unheilvollere Krise heraufbeschworen als diejenige vor eineinhalbtausend Jahren, als die Völkerwanderungen den Verfall der zivilisierten Welt bewirkten. Wie nie zuvor häufen sich überall auf der Welt die negativen Phänomene, und es entstehen viele prekäre und instabile Situationen. Die Aussichten sehen derzeit so aus, daß die Vielzahl von Problemen, mit denen wir nicht fertigwerden bzw. die wir nicht einmal verstehen, zunehmend größer und komplexer wird. So fährt die Menschheit unter dem Druck der Kräfte, die ihrer Kontrolle entglitten sind bzw. die sie als Reaktion auf ihr Wirken ins Leben gerufen hat, weiter einen Kurs, der schnurstracks in die Katastrophe führt. Das eine oder andere Unglück kann schon in allernächster Zukunft eintreten. Sehr viel früher, als man denkt, wird es hier und da kriseln und sich dann zur Katastrophe steigern. Und es wird unweigerlich dazu kommen, *wenn wir nicht auf der Stelle unseren Kurs ändern.* Es ist sehr wichtig, daß wir sofort handeln, weil diese ungeheure Aufgabe mit jedem Jahr mühsamer zu bewältigen ist. Im Jahre 1985 wird es sehr viel schwerer sein, die nötigen rettenden Schritte zu unternehmen, als es im Jahre 1980 war. Und die achtziger Jahre sind sicher das entscheidende Jahrzehnt.

Zusammenfassend möchte ich sagen: Es gibt heutzutage so viele Krisenphänomene, daß der Ernst der Lage nicht mehr geleugnet werden kann und die Warnungen, die ich und andere unermüdlich aussprechen, nicht ungehört verhallen sollten. Die globale Lage und die allgemeinen Trends sind so niederschmetternd, daß es dringend nötig ist, ihre Entwicklung zu stoppen und ihnen eine Wendung ins Positive zu geben. Nachdem dies unmißverständlich klargestellt ist, möchte ich im selben Brustton der Überzeugung wiederholen, *daß die Umkehr in unserer Macht liegt.* Es läßt sich nicht bezweifeln, daß wir, die heute lebenden Generationen, die in diesem kritischen Augenblick der Geschichte die Verantwortung für das Schicksal des Menschen tragen, im Besitz all des Wissens und all der Mittel sind, um alle Hindernisse und negativen Umstände zu überwinden und eine Entwicklung umzukehren, bei der es mit dem Menschen bergab geht. Den bedenklichen Zustand des Planeten Erde zu verkennen, wäre unverantwortlich; noch schlimmer wäre es allerdings, nicht daran zu glauben, daß wir objektiv die Möglichkeit haben, alles zum Besseren zu wenden, oder nicht alles in unserer Macht liegende zu unternehmen, um eine solche Wende herbeizuführen. Beide Einstellungen sind als ein schwerer Fehler zu verurteilen, der unermeßliche Folgen für die zukünftige Geschichte des Menschen haben dürfte.

Wir alle können unseren Beitrag leisten, damit diese Fehler vermieden werden. Und da die menschliche Revolution der Schlüssel zu einem neuen Kurs und zu einer glücklichen Wende im Schicksal der Menschheit ist, sollte ein jeder von uns alles Erdenkliche tun, um sie in Gang zu bringen – *noch ist es nicht zu spät.*

Appell an die Menschheit

Statt unsere jeweiligen Texte miteinander zu vergleichen oder die wesentlichen Punkte unseres Dialogs herauszuarbeiten, um daraus am Ende des Buches fertige Schlüsse zu ziehen, halten wir es für die glücklichere und ehrlichere Lösung, wenn der Leser sich seine eigene umfassende Meinung über die Bedeutung und das Gewicht des von uns Gesagten bildet und wenn er all die Meinungen, Konzeptionen, Ideen und Vorschläge, die wir auf diesen Seiten zu einer Vielzahl verschiedener, aber keineswegs unzusammenhängender Gegenstände geäußert haben, auf der Basis seiner Kriterien diskutiert und beurteilt. Dies scheint uns der beste Weg zu sein, um die Entwicklung eigener Überlegungen über einige der von uns angerissenen Themen anzuregen und die Diskussion zwischen möglichst vielen interessierten Menschen zu fördern. Und da dieses Buch (beinahe) gleichzeitig in mehreren Sprachen erscheint, sind wir einigermaßen optimistisch, daß ein breit angelegter und hoffentlich erhellender Gedankenaustausch in verschiedenen Teilen der Welt stattfinden wird. Wir wissen, daß wir selbst ungeheuer viel davon profitieren können, wenn solch mannigfaltige Debatten entstehen, denn je verschiedener die Gesichtspunkte sind, unter denen man einen Gegenstand betrachtet, um so vielfältiger sind sowohl seine Aspekte als auch die möglichen Ansätze und Denkanstöße.

Die Erfahrung zeigt, daß die weltweite öffentliche Meinung überaus lernfähig ist. Kaum wissen wir, daß sich die Menschheit als Ganze fundamentalen Alternativen gegenübersieht, die unser gesamtes Leben vollkommen neu zu gestalten vermögen, wenn wir unser Schicksal gemeinsam in die Hand nehmen, schon interessieren sich die Menschen überall auf der Welt lebhaft für die breit angelegte Diskussion über die Lage des Menschen und seine Zukunftsaussichten. Jeder Leser möge sich daher selbst verdolmetschen, wieviel komplexer und verwirrender das Leben im Vergleich mit vergangenen Zeiten geworden ist, und darüber entscheiden, was er selbst in Zusammenarbeit mit seinesgleichen tun kann oder sollte, um unser aller gemeinsames Los zu verbessern.

Eine Sache ist jedoch von so herausragender Bedeutung,

daß wir alle gemeinsam die größtmöglichen Anstrengungen unternehmen sollten. Diese Sache ist der Frieden, dem wir bedauerlicherweise nur allzu oft nicht unsere größte Aufmerksamkeit schenken und unsere tiefschürfendsten Analysen widmen, obwohl die Sache beides gleichermaßen verdient. Wir behaupten zwar, dieses Ziel sei uns lieb und teuer, doch tun wir in unserer alltäglichen Umgebung vieles, womit wir den Frieden in immer weitere Entfernung rücken. Wir scheinen unter einer Art Schizophrenie zu leiden, einem unbewußten Gegensatz zwischen den Zielen, für die wir ernsthaft eintreten, auf der einen und den Fakten, die wir schaffen (oder befördern), auf der anderen Seite. Wir, die Eroberer des Planeten Erde, die wir so sehr Gefangene unseres Wissens sind, daß wir es nicht anzuwenden verstehen, sind immer noch nicht standhaft genug, um in Frieden zu leben. Individuen, Gemeinschaften, Nationen, Rassen und Religionen verfolgen einander und sind auch untereinander uneins. Außerdem beutet die Gattung Mensch alle anderen Formen von Leben aus und liegt mit der Natur als Ganzer im Streit.

Statt uns ob des Unfriedens in uns und in unseren Beziehungen zu unserer gesamten Umwelt elend zu fühlen oder bange zu sein, erweisen wir uns als unfähig, Taten zu unterlassen, mit denen wir unsere Lage laufend verschlechtern. Niemals in der Geschichte wurden auf unserem Globus so viele Kriege geführt, noch nie gab es so viel militärische und zivile Gewalt, noch nie waren Folter und Terrorismus so weit verbreitet, und noch nie gab es ein solches Ausmaß an Zerstörung und solch immense Zerstörungspotentiale einschließlich der wissenschaftlich geplanten Vorbereitung noch größerer Gemetzel.

Es gibt aber durchaus auch Hoffnungsschimmer. Eine wachsende Anzahl von Frauen und Männern aus allen Kulturen und sozialen Schichten durchschaut den haarsträubenden Wahnsinn, der uns in diese Zwickmühle gebracht hat. Die Sehnsucht nach einem vernünftigeren Verhalten des Menschen und der Wunsch nach einer humanen Lebensqualität, die bereits überall aufkeimen, sind sichere Indizien dafür, daß die Menschheit sich der Gefahr bewußt wird und den gegenwärtigen Abwärtstrend umkehren kann, wenn sie die nötige Willenskraft aufbringt.

Statt Sie dazu aufzufordern, sich unsere Ansichten über eine Vielzahl von Gegenständen einfach anzueignen, bitten wir Sie um Kritik und Verbesserungsvorschläge. In der Sache des Friedens fordern wir Sie jedoch dazu auf, sich uns anzuschließen, sich bei uns einzureihen und alles Mögliche dafür zu tun, damit die sich immer mehr dem Rande der Verzweiflung annähernde Lage besser wird.

Zwar stammen wir, die Autoren, aus verschiedenen Welten und verfügen über unterschiedliche Qualifikationen, doch widmen wir uns mit all unserer Energie dem Studium der Mittel und Wege einer globalen Befriedung. Wie wenig Sie in vielen anderen Punkten auch immer mit uns übereinstimmen mögen, wenn Sie sich nach der Lektüre dieses Buchs unserem Kampf für den Frieden anschließen, dann könnten wir uns keine bessere Belohnung für unsere Mühen vorstellen.

Daisaku Ikeda wurde am 2. Januar 1928 in Tokio geboren. 1960 Präsident von Soka Gakkai („Wertschaffende Gemeinschaft"), einer buddhistischen Laiengesellschaft, die mittlerweile die größte religiöse Organisation in Japan ist (über 10 Millionen Mitglieder). Heute ist Ikeda Ehrenpräsident. 1964 Gründung der Komeito-Partei, die von Soka Gakkai unterstützt wird. Um die buddhistische Philosophie über die nationalen Grenzen hinauszutragen, entstand auf Betreiben Ikedas 1975 Soka Gakkai International, deren Präsident er heute ist (über 1 Million Mitglieder). Ziele der Organisation: internationaler kultureller Austausch, die Durchsetzung eines weltweiten Friedens und die Erziehung des Menschen zur Humanität. 1983 wurde Ikeda für seinen Einsatz für Frieden und Abrüstung der Friedenspreis der Vereinten Nationen überreicht.
Zahlreiche Reisen führten Ikeda u. a. in die USA, die UdSSR und nach China. Dabei traf er immer wieder mit führenden Persönlichkeiten des öffentlichen Lebens zusammen, um mit ihnen die drängenden Fragen unserer Zeit zu besprechen.
Von Ikedas über 60 Buchveröffentlichungen wurden viele auch in westliche Sprachen übersetzt, darunter so wichtige wie „The Human Revolution", „The Living Buddha", „Wähle das Leben", ein Dialog mit dem Philosophen Arnold Toynbee.

Aurelio Peccei wurde am 4. Juli 1908 in Turin geboren. Studium der Wirtschaftswissenschaften, 1930 Promotion summa cum lauda. 1939–1945 war Peccei in der italienischen Widerstandsbewegung tätig. Nach dem Krieg in führenden Positionen bei großen italienischen Unternehmen (z. B. Fiat und Olivetti), arbeitete aber auch für ausländische Institute und Organisationen auf den Gebieten Wirtschaft, Politik und Kultur. Internationale Reputation erlangte Peccei 1968 als Gründer und Präsident des ,,Club of Rome". Der Club, eine Vereinigung internationaler Wissenschaftler, sollte weder politische noch wirtschaftliche Interessen vertreten, sondern weltweite Probleme formulieren und Informationen und Alternativen ausarbeiten, die den Verantwortlichen in allen Ländern als Entscheidungshilfe dienen können.
Aurelio Peccei ist Autor zahlreicher Artikel und Bücher, u. a. ,,Der Weg ins 21. Jahrhundert – Alternative Strategien für die Industriegesellschaft" (Verlag Molden – S. Seewald 1983).
Mit Daisaku Ikeda traf Aurelio Peccei erstmalig im Jahre 1975 zusammen. Weitere Gespräche schlossen sich in den folgenden Jahren an und führten schließlich zu der vorliegenden Veröffentlichung.